期权获利策略

[美] 迈克尔·辛西尔 ◎著

（Michael Sincere）

刘美茜 ◎译

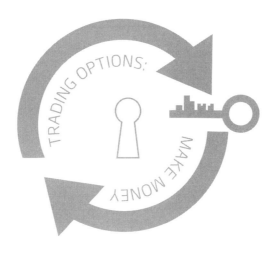

Short-Term Strategies for Beginners

中国科学技术出版社

·北 京·

Michael Sincere

Make Money Trading Options: Short-Term Strategies For Beginners

9781260468755

Copyright ©2021 by McGraw-Hill Education.

北京市版权局著作权合同登记 图字：01-2024-0384

图书在版编目（CIP）数据

期权获利策略 /（美）迈克尔·辛西尔 (Michael Sincere) 著；刘美茜译 . -- 北京：中国科学技术出版社，2024.9. -- ISBN 978-7-5236-0941-5

Ⅰ . F830.91

中国国家版本馆 CIP 数据核字第 20243Q03T4 号

策划编辑	杜凡如	责任编辑	贾 佳
封面设计	仙境设计	版式设计	蚂蚁设计
责任校对	焦 宁	责任印制	李晓霖

出　版	中国科学技术出版社
发　行	中国科学技术出版社有限公司
地　址	北京市海淀区中关村南大街 16 号
邮　编	100081
发行电话	010-62173865
传　真	010-62173081
网　址	http://www.cspbooks.com.cn

开　本	880mm × 1230mm　1/32
字　数	135 千字
印　张	8
版　次	2024 年 9 月第 1 版
印　次	2024 年 9 月第 1 次印刷
印　刷	北京盛通印刷股份有限公司
书　号	ISBN 978-7-5236-0941-5 / F·1287
定　价	59.00 元

（凡购买本社图书，如有缺页、倒页、脱页者，本社销售中心负责调换）

致我亲爱的父亲母亲，

和我独一无二的小狗——奇利。

序 言

首先，感谢您购买了这本书，本书是我期权市场系列书籍的第二本。由于第一本书大获成功，我的编辑让我着手写了第二本。

其实，真正让我下决心再写一本的，是读者朋友们写给我的那些邮件。我意识到尽管我告诉了我的读者要怎样交易期权，但他们仍然不知道要如何利用自己所学从而获利。由此，本书应运而生。

这本书的目标人群是那些还算是期权交易新手的人，但与此同时，对于那些不断寻找新的投资想法和获利策略的有实战经验的交易员们，它也能提供一些帮助。

为何我可以如此自信地说自己可以向你们展示如何利用期权获利？我想是因为我花了四年时间在评估、研究和学习期权策略，判断哪些策略在市场中可行，哪些并不可行。

这本书比较与众不同，它并不是基于我的所闻所见，而是基于我测试和验证过的内容。我一度觉得，股市就像是一个实验室，而我就是进行实验的科学家。每天，我都会详细记录自己的实验数据。

通过自己的研究，我搭建了许多获利策略，但更为重要的是，我学到了如何在交易中降低风险。投资者们不能仅仅满足于获利——你必须了解怎样保护你赚取的收益，从而避免大额亏损。

几乎适用于所有人的策略

我希望读者能以开放的心态看待这本书中的观点，不要排斥尝试新的策略。我相信，在阅读完这本书后，你将会对期权交易有完全不同的看法。

我的目的在于展示在不同交易策略下实现盈利的多种技巧，有些是新的，另一些则是较为传统的。同时，我也会揭示一种简单快捷的股市分析方法，无论你是交易期权还是股票，应该都会有所收获。

我的研究结果告诉我，押注股票或者指数未来走势的行为十分危险，可是几乎每个投资者都会这么做。然而，除非你是一个杰出的标的选择者，或是未卜先知的预言家，否则你很难精准地预测未来的股市或指数表现。

不过，这里有个例外，那就是当你遇到走势如虹的牛市的时候。在这种市场走强的年份里，买入某只最强势或者关注度最高的股票的看涨期权，会让你取得不错的收益。不幸的是，牛市不会一直持续下去，当牛市告一段落的时候，许多投资者的盈利也会随之缩水。

这就是为什么我在这本书里也介绍了在熊市中获利的期权策略。在熊市中，你依然可以赚钱，只不过难度更大。而在交投清淡的时候，市场走势无迹可寻，此时，你可以应用那些非传统的期权策略，找到那些多数时候都在走高的股票。

即便学到了新点子，你也没必要放弃传统方法，尤其是曾经在你实践中奏效的那些。相反，本书中介绍的许多策略应该会加固你对市场已有的认知。

我的目标是帮助你成为更优秀的交易者，无论你采取什么策略。同时，作为阅读本书的额外收获，我也将教给你如何降低风险。

寓教于乐

和我之前的那些书一样，我会以一种在餐厅餐桌旁跟你聊天的口吻来写这本书。因为我并不想让你损失很多金钱和时间，所以我会尽可能直截了当地讲解。

我希望能够在教你如何节省时间和金钱的同时，让你感到轻松愉快。然而很遗憾，很多交易员即使在读书、上课或者看学习视频之后，还是被期权交易打了个措手不及。

打个比方，假设你想要驾驶一辆飞机，难道在读了几本书、网上看了一些视频、上了几节课后，你就认为自己胜券在握了吗？当然不是！你需要多加练习，亲身上手实践，之后才可以胜任。这个道理同样适用于期权交易。

我写这本书的原因

许多缺乏经验的交易员对于他们在刚开始交易时即将面对的

陷阱一无所知。除了个别幸运儿，大多数期权交易员都会亏钱，可能会亏很多钱，而这一切可能就发生在短短几个交易日中。

很多毫无防备的交易员并没有意识到他们正在步入危机四伏的竞技场，这里充斥着比他们更精明、训练更有素、资金更充足的从业人员，他们拥有更先进的知识武装。这也就难怪，许多期权交易员会在定向性交易中（押注某只股票或者指数未来会走高或者下跌）铩羽而归了。

我深感自己有责任向读者们展示应该如何获利，同时提醒读者前路还有诸多风险。许多交易员认为，只需要选择正确的策略（他们认为越复杂越好），就会赚更多的钱。然而事实并不一定如此。

千万不要以为我拥有所有问题的答案，我真的没有。我自己每天也会在交易期权时学到一些新知识，我会把它们认真记录在交易笔记上。我能做的，就是教你们如何在避免血本无归或者损失大部分头寸的前提下进行交易，这也是我撰写本书的初衷。

我真心希望自己在刚开始交易期权时也能遇到一本这样的书，可惜并没有，所以我自己写了一本。没错，我写了一本书，连我自己都想读！我相信，你们在阅读完我的心得体会后将少走不少弯路，减少很多损失。

可惜的是，太多的交易员涌入期权市场，手握重金，头脑空空，对自己的赚钱能力抱有不切实际的期望，可是对风险却一无所知。更糟的是，他们通常会采取过于复杂或不适合自己的策略。

即便如此，我仍然想带领读者寻找成功的一线希望，这也是我写这本书的另一个原因。

你将会学到的内容

我花了很长时间研究、分析和实践各类期权策略，如今我想和大家分享我的研究成果。以下是我希望你们能通过阅读本书实现的三个主要目标：

1. 学习如何通过避免大多数期权交易员都会犯的常见错误，最大限度地降低风险；

2. 学会如何识别和找到能够带来最多获利的赢面大的股票和交易型开放式指数基金（ETFs）；

3. 学习能够快速评估整个市场环境的方法，从而判断究竟是要做多、做空还是暂时不进行交易。

当然了，你的收获不止如此，如果你能在多数时间评估整个股市，并在其中找到强势股，你将比其他交易员更有优势。

不过，我必须明确一点：尽管我将要教你如何通过期权交易赚钱，但这并不容易，也不能急于求成，尤其是如果你还缺乏经验的话。不过，如果你愿意花时间学习，从失误中吸取教训，那通过期权获利就是可能的。

本书架构

本书分为四个部分，你可以以任何顺序阅读。我的建议是完整地读完整本书，但你可以自由选择先从哪里开始。这四部分内容如下。

- 第一部分：风险管理和头寸管理；
- 第二部分：测试交易策略；
- 第三部分：其他交易策略；
- 第四部分：期权基础知识。

在第一部分中，你将会学习风险管理，但是相关知识的呈现是以一种与众不同的方式展开的。你将阅读一个虚构的故事，该故事是基于一位不走运的期货交易员山姆的真实经历。讲述完故事后，我会讨论所有山姆犯的错误，以及他本可以采取什么行动来避免遭受损失。

在第二部分中，你会学习一种新方法，即测试交易策略。该方法涉及使用虚拟或模拟交易账户来寻找胜率大的股票。这种策略与你们以往了解过的其他期权策略不同，它更为实用、易于上手。

在第三部分中，你将学习其他期权策略，每种策略都是为了获利而构建的。有些策略是全新的，有些是传统的，个别策略甚至"十分新奇"。

在第四部分中，对期权知之甚少的初学者可以参与期权迷你课程，该课程旨在快速让你们掌握基本的期权词汇和概念。迷你课程涵盖了足够的期货知识，这样你就能够在阅读的时候跟上节奏。此外，我将会为对技术分析不甚了解的读者介绍两个十分强大的技术分析指标，移动平均线和相对强弱指数（RSI）。

如果你是期权交易新手，那么我建议你读一读我的第一本书，畅销作品《走进期权》（*Understanding Options*）第二版（麦格劳·希尔公司出版），它用通俗易懂的语言解释了如何进行期权交易。当然了，网上或书店里也有很多种其他期权书籍供你阅读学习。

如何联系我

再次感谢你能抽出时间阅读这本书。不是每个人都愿意尝试新鲜事物，所以我很感激你愿意学习不同的思路和策略。我会一如既往，尽我所能让这本书成为你读过的非常实用的期权书籍之一。

我的目标是告诉你如何靠自己赚一笔可观的钱（至于确切的金额，每个人心中应该有不同标准），这样你就不必依赖我或其他人来获得成功。我真心希望能激励你钻研出一套属于自己的方法，就像我当初自己钻研并有所发现一样。

最后，如果对我的书有任何疑问或发现任何错误，请随时发送电子邮件至 msincere@gmail.com。很高兴收到大家的来信，我会尽快回复。

好了，那我们现在就正式开始吧！要学的东西可不少呢！

CONTENTS

目 录

第一部分　风险管理和头寸管理　001

第一章　一位期货交易员的交易周　005

第二章　实战中的惨痛教训　027

第二部分　测试交易策略　041

第三章　测试交易账户　043

第四章　锁定真正的优胜股　068

第五章　买入胜率大的股票的期权　082

第六章　股票市场运行模式分析　093

第三部分　其他交易策略　125

第七章　交易 SPY 和 QQQ　127

第八章　非常规期权策略　143

第九章　问题与回答　155

第四部分　期权基础知识　181

第十章　期权迷你课程　183

第十一章　两种有用的技术指标　　　　　218

第十二章　利弗莫尔的经验教训　　　　　226

后　记　　　　　237

鸣　谢　　　　　241

第一部分

风险管理和头寸管理

正如我们在序言中看到的那样，本书可以分为四个部分。为了让整个阅读过程更加轻松顺利，你可以自己决定阅读顺序。在第一部分中，你将学习如何进行风险和资金头寸管理。无论采用多么精妙的交易策略，或者有多了解期权的使用，如果不知道如何成功管理风险，都将很难留存收益。

当然，交易员和投资者无法完全避免亏损，但风险管理意味着将损失控制在合理范围内。投资者的终极目标是赚的钱要能够盖过亏损金额，从而实现获利。

与其苦心经营风险管理，多数交易员更喜欢钻研全新的交易策略或思考股票投资金点子。确实，研究限制利润总归不是什么有意思的事情，但是如果你想赚钱，那就必须要学习风险管理。如果你忽略了这重要的一步，总有一天会因此蒙受损失，你的收益会遭到反噬。

人们在交易过程中除了对市场做出及时反应外，几乎无暇顾及其他。你可能并没有时间研究一系列那些教你如何做的条条框框。如果不快速做出正确的决策，你可能无法在不付出惨痛损失的前提下全身而退。

本书不是要教你怎么亏钱。作为本书的作者，我郑重承诺，我将会尽全力帮助你避免在投资中输得倾家荡产。

下面的话可能过于直白，实在不好意思，但是我不得不说：如果你不愿去理解降低风险的重要性，那么你最好还是不要交易期权了。你可以换个思路，去寻找一种不会让你的投资组合承受太大风险的方式。或许你可以考虑长线投资、长期持有，不要有过多换手。

事实上，最好的学习如何管理风险的方式就是进行交易。本书第二部分就是关于这一内容的。继续阅读，你就会发现风险管理不是死记硬背一些规则。恰恰相反，你要通过不断地做出买入、持有、卖出决策，持续学习和实践。

实际生活实践中，最直接的理解风险的方式就是赔钱，但是我希望你赔的金额不要太大。我相信你一定知道一个经典的故事，也是所有家长都会给孩子上的一节课：家长会多次告诉孩子不要伸手碰滚烫的炉子，但大多数孩子都抑制不住好奇心，他们总有一天会无视家长说的话，伸手去摸炉子。然后你猜怎么着？孩子只要摸一次炉子，终生都会记得这个教训！

风险管理的第一，也是最重要的一节课是：学会小仓位交易，这代表着不要冒着大额本金损失的风险。你可以在经过适当训练之后，在后面的交易中逐渐增加投资金额——别着急，机会多的是呢。

还有一点，就是尽管你会学到如何降低风险，但你永远无法完全消除风险。交易总有可能和原计划产生偏差。也许你会判断失误，在错误的时间以不具有优势的价格购买期权。如果发生这种情况，赔钱是一定的，但如果有适当的风险管理，损失也不至于特别惨重。

作为一名交易者，第一件需要当心的事情就是避免巨额损失。然后，你必须提高你的交易技巧。最终，你才会主攻如何赚钱。如果你能控制风险，并且有一些交易技巧，你应该能够赚取利润。

和碰到热炉子才会长记性的道理类似，要让你谨记什么事情不能做，赔钱是最好的方法之一。诀窍就是，当交易表现不如预期时，通过及时止损来减少损失；当你的策略正在获利时，可以攫取更大的利润。如果你能做到这一点，那么你将在交易学习中取得长足的进步。

最后，不要认为我拥有所有问题的答案，我并没有。我自己也每天都在了解瞬息万变的股票市场。我能做的是教你不要紧盯这一日的得失，而是把时间拉长，放眼你的整个交易生涯。

风险管理

教他人如何管理风险是个挑战。传统的教学方法是提出建议或者一系列规则，比如"遵守交易纪律""不要赔钱""低买高卖"。这些规则往往都过于笼统，所以并没什么价值。

更重要的一点是，如何能让你在不感到厌烦的情况下，充分了解作为一名交易员可能面临的坑和陷阱呢？我想到了一种新颖的讲故事法，可以用来教你如何进行风险管理。

如果你愿意花几分钟时间阅读一个期权交易员的亲身经历，你应该会获得一些有价值的见解。这个故事既具有教育意义又有趣，而且在故事的结尾，我们将分析总结该期权交易员犯下的所有错误及应该吸取的教训。

到这里，我知道可能有读者想跳过故事和教训，直接进入第三章，学习赚钱的策略。如果你跳过了这一章，一定要在未来某个时候回头再看看。管理风险对你交易策略的有效性至关重要——你应该不想在没有这项技能的前提下就赤手空拳地开始交易。

那么现在，对于那些想要了解交易中可能出现的亏钱方式以及如何应对的人来说，请继续阅读。你可能会发现，除了市场变化本身，你的情绪波动是你最大的对手。这对任何交易员来说都是一个挑战。

我希望你能喜欢这个基于一位并不走运的期货交易员真实经历而构建的虚构故事。为了阅读中更有趣味性，你可以试着找找山姆在一周的交易中犯的所有错误。我们将会在第二章中讨论这些错误点。

如果不熟悉期货专有词汇，你可以在阅读故事之前先阅读第十章的期货迷你课程。

第一章

一位期货交易员的交易周

　　山姆（Sam）是一位中年退休教师，他把大部分钱都投资在了个人退休账户上。其中 60% 的资金投资于股票和指数基金，40% 则投资于债券。山姆想找到一种能够增厚收益，同时又让他有得忙的投资方法，因为退休生活实在是很无聊。

　　山姆的侄子建议他考虑交易期权——他的侄子在家通过期权交易赚了大钱。山姆因此被说服了，决定自己也尝试一下。

　　于是，山姆开始阅读一本关于期权交易的书，还观看了如何通过交易期权赚钱的教学视频。经过几周的学习，山姆觉得自己已经准备好用真金白银进行交易了。他还与邻居布莱德利（Bradley）聊了聊期权的话题。布莱德利多年来一直在进行股票和期权交易，经常给大家伙儿分享他的成功故事。

　　经过深思熟虑，山姆决定从买看涨期权和看跌期权开始，这两个是最基础的期权购买策略。山姆认为自己还没有准备好尝试他侄子使用的复杂交易策略，他想先从简单的开始。

　　山姆决定用个人退休账户中的钱进行交易，因为他希望所有所得税都能递延。他与证券公司的一名销售代表进行了交流，想要确定他的退休账户是否能够交易期权。股票经纪人告诉山姆，买入看涨期权和看跌期权是可以的。

山姆让股票经纪人卖掉他的股票和共同基金，这样他就可以进行期权交易。"我想赚大钱，"山姆跟他的股票经纪人说。他的账户里有将近 15 万美元，所以他可以随心所欲地进行交易，频次可以是每日、每周或者持有更久。

但其实，山姆并不知道如何选择期权，也不清楚应该花多长时间持有相应仓位。对于股票，他基本只买入，几乎从不卖出。"可能股票和期权不一样吧，"他对他的股票经纪人说。

"没错，这两个很不一样，"股票经纪人同意他的说法。"先读读这个。"经纪人递给他一本厚厚的小册子，名叫《标准化期权的特征与风险》(*Characteristics and Risks of Standardized Options*)。

山姆到家后就把小册子放在抽屉里，并不打算读。

周一早上

8 月 3 日，星期一上午，山姆急着开始他的第一次期权交易。他安装好了电脑和两台 iPad，做好了交易的准备。山姆不知道自己应该买什么，所以他打开电视，调到财经类节目，想找找投资的灵感。

在看了 20 分钟后，他记下了推票人推荐的股票名称。节目中每个人都看好的一只股票来自苹果公司，该公司将在两天后公布季度财报。

山姆认为买苹果公司的股票是个不错的选择。他很清楚，苹果公司是一家成功的公司。这笔交易看起来不费吹灰之力：在公布财报前购买苹果公司的看涨期权，等到股价上涨便能获利，如此简单。苹果公司的股票已经连续涨了好几周了，但这并没什么关系。"我不如也加入其中，分得一杯羹，"山姆这么想着。

他已经开设了自己的交易账户，准备以苹果公司当前的股价买入10份看涨期权。期权市场上午9：30才开盘，他已经有些迫不及待了。

期货市场似乎开盘就会走低。看起来道琼斯指数开盘时要下跌接近1%，整整240点。标准普尔500指数[1]也下跌了1%。山姆很高兴，因为他能以更低的价格买到他的苹果看涨期权。他把低买高卖这条黄金准则牢牢记在心里。

山姆也在考虑，既然市场开盘就要下跌，也许他应该利用好这个机会，买入指数看跌期权。他之前读了书，知道其中一种押注的方式是购买SPY看跌期权，这是一种追踪标普500指数的热门交易型开放式指数基金（ETF）。

很快，美国东部时间上午9：30，开盘时间到了，山姆做出了决定。他立即买入10张苹果公司看涨期权的限价单（执行价按9月18日市场价格的平价期权）。买卖盘价格为21.85美元 × 22.40美元，山姆给的限价为22.40美元。这笔交易的总成本为22 400美元。

_____

[1]　记录英国500家上市公司的一个股票指数，简称标普500指数。——编者注

山姆认为这笔交易有点贵，但毕竟苹果是一只昂贵的股票。"有舍才有得，"山姆这么安慰自己。他认为自己不是唯一想买苹果看涨期权的人，这也是它价格如此高昂的原因。

山姆从他的交易书籍中了解到，他的首要目标是不亏钱，所以，他只买了 10 张看涨期权（平价），否则他还想买入更多。

山姆提醒自己："我正在购买一只世界上最受欢迎的股票期权。"

开盘短短几分钟内，苹果公司的股价以迅雷不及掩耳之势逆市上涨，导致山姆的限价单没有立即成交。这让山姆感到很恼火，因为他之前预计以每张合约价格 22.40 美元的成本买入。他再次回到下单页面，看到卖盘的价格已经涨到了 23.95 美元了。价格一路走高，因为标的股票苹果公司正在上涨。看涨期权的成本会随着股价的上涨而走高。

为了确保这笔订单能成交，山姆决定放弃他在书上学到的一条规则——那些作者总说要只下限价单，而不是市价单。但山姆认为，如果他只下限价单，他的订单就可能不会很快成交。他不想错失买看涨期权的良机。

山姆无视书中建议，稍后下了一笔新单，以市价买入 10 张苹果看涨期权（平价期权）。成交价为 24.65 美元，这是日内目前为止的最高价格，但山姆还是很庆幸自己能够成功买入这些期权。买入成本为 24 650 美元。

在买入期权 10 分钟后，山姆查看了自己的账户，发现持仓市值已经涨了 720 美元。"哇，"山姆心想，"赚钱很容易嘛。"

没过几分钟，道琼斯指数就开始下跌。该指数目前为止下跌了 312 点，跌幅达到 1.3%。标普 500 指数下跌近 1.4%。山姆很生气，因为他没有买 SPY 看跌期权，否则现在也能小赚一笔了。

随着股指进一步走低，山姆感到很焦虑。当道琼斯指数下跌了 340 点，标普 500 指数继续下探之时，他再也忍不住了。他下了新单，买了 10 张 SPY 看跌期权（9 月的平价看跌期权，买卖盘口价格为 13.65 美元 × 13.69 美元），"有点贵，"山姆心想，但倒是没有苹果看涨期权那么贵。

因为他着急成交，所以下的是市价单，尽管他知道自己应该下限价单。"我不能再等下去了……"山姆心中默默想道。当下对山姆来说最重要的是，如果市场继续下跌，看跌期权就会赚钱。

看跌期权成交价为 13.71 美元。该期权买入成本为 13 710 美元。

山姆搞不懂期权每天以怎样的时间价值衰减，但他觉得同时拥有看跌和看涨期权的感觉不错。当前唯一的问题就是，苹果看涨期权价值随着市场下行而缓慢下跌。现在，看涨期权价值只涨了 320 美元，让他觉得有点儿窝火，但他的看跌期权涨了 110 美元，还算运气不错。

山姆查看了他的个人退休账户，仅仅两个仓位，他就投入了 38 000 美元。

正当山姆苦思冥想下一步该如何操作时，他的手机响了。他的邻居布莱德利对着电话喊道："市场要崩盘了！这次是大阵仗！"

"你怎么知道的？"山姆问他。

"我就是知道！"布莱德利不耐烦地嘟囔，"我这辈子都没这么有把握过。卖空，买看跌期权吧，市场就要大跌了！"

"我考虑一下……"山姆说，但布莱德利已经挂断了电话。

山姆认为布莱德利是个对市场无所不知的人，他经常吹嘘自己在市场上赚了多少钱。当市场出现极端波动时，布莱德利的情绪也随之起伏。很显然，他刚刚经历了一场不小的情绪波动。

山姆看了下道琼斯指数和标普 500 指数的行情，发现市场仍在下跌，但下跌速度没有之前快。他瞥了一眼行情线，也观察出了下跌趋势，"也许布莱德利是对的……"山姆心想。

如果市场如期崩溃，山姆不想错过提前买入看跌期权的机会，所以他又打开了下单界面，下了一笔限价单，又买了 10 张 SPY 看跌期权（9 月平价期权）。山姆下单的时候心率飙升，主要是担心自己会错过从即将到来的崩盘中赚钱的机会。

他看了一眼下单页面，发现自己已经付掉了 15.10 美元。山姆现在拥有 20 张 SPY 看跌期权。

随着市场持续下跌，隐含波动率上升，这些看跌期权的上涨速度甚至比他想象得更快。山姆现在对这些满不在乎。他很开心自己在看跌期权价格进一步走高之前抢先买入。

山姆查看了他的经纪账户上的持仓界面：他的苹果看涨期权从浮盈变成了浮亏 235 美元。幸运的是，他的 SPY 看跌期权价值有所增长，目前赚了 1 855 美元。

"如果现在卖掉，"山姆思忖着，"我就可以净赚 1 620 美元"。山姆看了看时间，"只用 30 分钟就赚了 1 620 美元！这也太赞了。"

但山姆没有卖出的打算，因为如果市场真的大跌，他可以通过 SPY 看跌期权赚一大笔钱。而且，他觉得苹果公司的股票不会跌那么多。"现在不能卖，"山姆告诉自己，"我再等等。"

尽管山姆对苹果公司寄予厚望，但该股票仍随市场下跌。当他再次查看的时候，他的苹果看涨期权投资已经浮亏 880 美元了。"啊，现在局势不利……"他心想。但他很幸运，他购买的 SPY 看跌期权还在赚钱，而且期权价值一直在增加。

山姆想到了交易的黄金法则："及时止损，持有还在赚钱的资产。"这句话深深印在每个交易员的脑海中。因为苹果看涨期权已经从赚钱到亏钱，山姆决定卖掉他的苹果看涨期权，接受目前亏损的事实。这并不是个艰难的决定，尤其是当他在 SPY 看跌期权还在获利的时候。他决定卖掉他的全部苹果看涨期权头寸。

山姆下了一笔限价单，卖出这 10 张看涨期权。他希望可以给他充足的时间以一个更好的价格卖出，差不多在买卖盘中间价附近水平卖出，但他很着急，他不想再损失更多钱了。

山姆随即注意到，由于苹果看涨期权正在迅速贬值，卖单没有立即成交。他撤销了挂单，然后又下了一次，以 23.20 美元的价格成交。他在这笔期权投资中损失了 1 450 美元。

自从山姆买入持有后，20 张 SPY 看跌期权仍在上涨。几分钟前，他的账户中仍有 1 620 美元的盈利，但现在因为那些苹果看涨期权，留存收益已经没这么多了。

更让他困惑不解的是，道琼斯指数和标普 500 指数已经止跌。"我从 1 620 美元的收益变成了几乎一无所获，"山姆心想，"我真希望自己能早点卖掉，但我会很快把钱赚回来的。"

山姆想挽回在苹果看涨期权交易中的损失，所以决定增持
SPY 看跌期权。他记得应该继续持有赚钱的资产这条法则，而他
的 SPY 看跌期权还在获利。"我只不过是在遵守规则而已。"他
告诉自己。

山姆下了一笔限价单，新买入 10 张 SPY 看跌期权（9 月平
价期权），这笔买单随即成交。他现在总共持有 30 张 SPY 看跌
期权，而市场正在横盘整理。尽管市场正在横盘，但他的看跌期
权价值正在下跌。我们说过，投资盈亏的根源是隐含波动性，而
现在的局势对山姆不利。

山姆离开交易屏幕，去厨房打开冰箱，拿了点东西出来吃。
早盘的交易让他饥肠辘辘。

吃完早餐之后

10 分钟后，当山姆回到电脑屏幕前，他发现 30 张 SPY 看跌
期权已经开始贬值。之前他赚了 1 855 美元，现在他只赚 1 100
美元。由于苹果看涨期权亏损了 1 450 美元，他的账户现在整体
开始亏钱。

山姆一边查看他的 SPY 看跌期权，一边浏览其他股票。他
注意到，尽管整体市场走低，但特斯拉的股票仍上涨了 0.83%。
他在考虑是否要买入特斯拉的看涨期权，但由于整体市场疲软，
他放弃了这个想法。山姆也想过买入微软，但那也太不刺激了。
他喜欢冒险的游戏。

山姆很惊讶地看到，苹果公司走势逆转。如果他再等 10 分钟，可能只会损失很少的一点钱。他感到闷闷不乐，苹果看涨期权在他卖掉后马上就走高了。

山姆仍然认为市场会进一步下跌，所以他继续等待。他持有30 张 SPY 看跌期权，在证明自己是对的之前，他是不会卖出的。

他还是对苹果股价整个早盘都一路走高耿耿于怀。他无法忍受自己搞砸了一笔交易，所以再次下了一笔限价单，买入 10 张苹果看涨期权（9 月平价期权）。他知道自己正在追高，但他也并不在意。他只是不想错过苹果公司一路高涨的时机。尽管整个市场上午都一派低迷，苹果公司仍然逆势上涨。"我就不应该卖掉那些看涨期权，"山姆喃喃自语。

山姆现在拥有 30 张 SPY 看跌期权和 10 张苹果看涨期权。随着市场走高，他的 SPY 看跌期权收益迅速收窄。他不想看到自己损失了多少钱。更重要的是，他从未考虑过自己在期权上花了多少钱，现在他已经入不敷出。

"我会赚回来的。"他向自己保证。

周一中午（美国东部时间中午 12 点）

山姆注意到，特斯拉也在随行就市。随着道琼斯指数和标普500 指数的走高，苹果和特斯拉股票也在上涨。山姆打开他的交易界面，看到特斯拉看涨期权的价格是每张 154 美元。购买 10张特斯拉看涨期权就要花费 15 400 美元。"实在是太多了，我有点承担不起。"山姆自言自语。

15 分钟后，市场开始横盘整理，山姆看到特斯拉的股票越涨越高。他无法忍受错过一个能够赚钱的机会，所以冲动之下他买了 10 张特斯拉看涨期权（9 月平价期权）。最后买入成本是 15 530 美元。

山姆忧心忡忡，因为投资期权已经花掉了他退休账户里四分之三的钱。但他又想到，如果他对市场的判断是正确的，那么他将会获得丰厚的收益。于是他就打消了顾虑，并专注于他的账户余额。他的个人退休账户余额已降至 147 500 美元，其中期权资产市值差不多接近 80 000 美元。

刚买进特斯拉看涨期权没几分钟，他就损失了 460 美元，这让他觉得很沮丧。他不知道自己哪里做错了。他知道很多交易员都喜欢交易特斯拉期权，而且这只股票也让一些人发了财，但无论如何，他只买了一手看涨期权，虽然成本高昂。

山姆看了看他的持仓界面：他拥有 30 张 SPY 看跌期权，10 张苹果看涨期权和 10 张特斯拉看涨期权。他认为自己大概率可以赚不少钱。他既拥有在市场上涨时能获利的多头头寸（看涨期权），也拥有在市场下跌时能获利的空头头寸（看跌期权）。

虽然山姆只有三种期权头寸，但他感到十分焦虑。他无法想象如果持有更多期权要怎么办。仅仅盯着这三个期权就已经十分耗费心力了。他曾听说过那些持有几十只股票和期权头寸的日间交易员。"很难想象他们是怎么做到的。"他心想。

山姆看着他的投资组合价值在午饭时间急速变化。他最开始购入的那些苹果看涨期权仍然在亏损中，而他的 SPY 看跌期权也摇摇欲坠。特斯拉看涨期权同样处于亏损状态，但亏得并不多。他整个人都很紧绷，不敢吃午饭。

山姆看到，市场正在慢慢收窄跌幅。几分钟前，道琼斯指数下跌了 127 点，而现在只下跌了 89 点。随着市场回弹，10 张苹果看涨期权的价值在慢慢上涨，但很不幸，30 张 SPY 看跌期权现在正在亏钱。特斯拉看涨期权则几乎没有任何变化。

迷失与困惑

山姆内心感到很难受。随着道琼斯指数和标普 500 指数继续回升，他的 30 张 SPY 看跌期权价值正在下跌。苹果和特斯拉看涨期权赚了钱，但金额并不多。最让他头痛的是 SPY 看跌期权。他的 SPY 看跌期权跌了 4 600 美元。他买的数量太多了，而且价格也并不有利。

"真是一场灾难"，山姆很后悔。他希望自己从来没有买入过这些 SPY 看跌期权。

山姆想过卖掉所有三个期权头寸，但那样会造成 5 600 美元的损失。他感到不解："为什么我会损失这么多钱呢？"

市场继续上涨，伴随而来的是他的 SPY 看跌期权的价值继续下降。尽管他不知道，但隐含波动率的确被压得极低，这更加让他得不偿失。隐含波动率的下降拉低了他看涨和看跌期权的价值。

随着道琼斯指数持续上涨，山姆再次查看自己的账户。现在他的 30 张 SPY 看跌期权价值降低了 6 700 多美元。山姆自投资以来第一次感到如此恐惧。涨势越猛，他损失的钱就越多。苹果和特斯拉看涨期权的获利速度根本赶不上 SPY 看跌期权的下跌速度。

山姆从来没有想过，自己会在这么短的时间损失这么多钱。

就在他不知所措的时候，布莱德利又打来了电话。"嘿，"布莱德利劝他，"你要相信我，要买更多的看跌期权。"

"我就是听了你的，现在已经亏了很多钱了。"

"别傻了，"布莱德利说，"马上就要暴跌了！"说罢，他挂断了电话。

山姆不知道这位邻居的判断是否正确，可是布莱德利对股票市场的了解比他多得多。山姆已经持有 30 张 SPY 看跌期权，并且目前这些期权已经亏损，为了防止布莱德利说的是对的，山姆又买了 5 张 SPY 看跌期权（9 月平价期权）。"在这之后，我再也不会买看跌期权了。"山姆向自己保证。

限价单成交后，指数继续上涨，道琼斯指数现在跌了 12 个点。山姆马上就因为买入了新的看跌期权而亏了钱。他再次自责不已。他记得自己学到过，不应该给亏损的资产持续加仓，但他刚刚就是这么做的。"我刚才为什么要接着买？"他想不明白。

周一下午

一天之内，山姆的投资组合已经损失了 8 200 美元，他感到气急败坏。他辛苦一辈子积攒下来的退休账户的钱，瞬间就可以灰飞烟灭。更让他感到沮丧的是，今天早上他本有 1 620 美元的收益，但他却白白错过了机会。他觉得一阵头晕目眩。

唯一的好消息是，10 张苹果看涨期权价值涨上来了，如今山姆有超过 1 400 美元的利润。特斯拉看涨期权也上涨了 932 美元，但是，山姆在 SPY 看跌期权上的损失达到了接近 1 万美元。他持有过多看跌期权，而且市场还在持续上涨。如果他现在卖掉所有头寸，他将承受巨额损失。

随着道琼斯指数的走高，市场继续维持强势，山姆很想卖掉手上一共 35 张看跌期权。他左右为难，满脑子都是把损失的本金收回来，除此之外他没有任何计划。看着那些看跌期权实在是太揪心了，所以他没有继续关注了。

市场上下起伏，直到美国东部时间下午 2：00，整体并没有大的波动。特斯拉和苹果期权的盈利还不错，总共超过 1 800 美元，但 SPY 看跌期权的损失则是压倒性的。

下午，市场走势如此平缓，山姆都快要睡着了。他曾以为交易会很有趣，但结果一点都不有趣。

道琼斯指数现在上涨了 54 点。山姆在特斯拉和苹果看涨期权上有 2 100 美元的收益，但随着指数进一步抬升，他在看跌期权上亏损不断扩大。

他并不打算持有亏损头寸过夜。这是他记住的一条交易原则。持有 35 张看跌期权到第二天风险太大、太冒险，如果他这么做，今天晚上是睡不着了。他看了看自己的账户余额。他总共损失了近 11 500 美元，在短短一天之内。

在市场收盘 15 分钟前，山姆做出了决定。他卖掉了 25 张 SPY 看跌期权，剩下 10 张看跌期权。如果明天早盘市场下跌，他的看跌期权会赚钱；如果市场上涨，他的特斯拉和苹果看涨期权会赚钱，这似乎是一个合理的计划。

山姆瞥了一眼他的仓位界面，惊诧地发现自己已经损失了近 13 000 美元，主要是因为那些愚蠢至极的 SPY 看跌期权。不过他自觉幸运，因为他还保留了苹果和特斯拉看涨期权。同时他还希望自己从未听过布莱德利的话。

山姆那天第一次走出了家门。他不想在明天之前考虑关于市场的任何问题。整天坐在电脑屏幕前一点意思也没有，尤其还亏了那么多钱。他仍然希望自己能看准时机，在赚到钱之后立马抽身而退。他发誓，明天要以不同的方式进行交易。

周二上午

美国东部时间上午 9：30 开市时，道琼斯指数飙升了超过 236 点。山姆的 10 张 SPY 看跌期权彻底崩盘，他感到心烦意乱——今天又损失了将近 1 200 美元。他的苹果和特斯拉看涨期权已经获得了近 1 700 美元的收益，但这些 SPY 看跌期权给他带来了不小的打击（既有财务上的也有精神上的）。

山姆再也无法忍受这种痛苦，所以他卖掉了所有 10 张 SPY 看跌期权，将损失锁定。他在所有持有的 SPY 看跌期权上总共损失了

16 000 多美元，但至少他已经止损了。道琼斯指数上涨了 220 点。

现在，山姆希望市场会强势一整天。也许他可以挽回在 SPY 看跌期权中的巨额损失。

美国东部时间上午 10：00，市场反转

上午 10：15 左右，市场止涨，随后略微下跌。当山姆再次查看行情时，道琼斯指数只上涨了 155 点。山姆看到他的特斯拉看涨期权已经被深深套牢了。"什么？"他惊呼，"怎么会这样？！"

他很气愤，因为他认为自己所做的一切都是正确的，但他却在一直亏钱。他按照他所学的交易准则卖掉了手中亏损的资产，并一直持有还在获利的资产。不幸的是，目前形势出现了逆转。

道琼斯指数继续下跌。他的苹果看涨期权仍有 2 100 美元的利润，但他的特斯拉看涨期权亏得厉害，导致目前损失接近 2 800 美元。"我怎么会损失这么多钱？"山姆实在想不通，"我只持有一个看涨期权而已！"

山姆不想在特斯拉看涨期权上亏更多的钱，所以他紧急打开交易下单页面，下了一笔限价单来卖出。他想赶紧清掉这个仓位。

订单成交后，山姆看了看持仓情况。他在特斯拉期权上的损失是 4 700 美元。他不敢相信自己运气如此之差。个人退休账户损失了 2 万多美元，几乎损失了 12%。"我这辈子都没输过这么多钱！"他哀号道。

山姆发誓在今天剩下的时间里不做交易了。他觉得自己这么快就损失了这么多钱，实在是太蠢了。他会在周三上午再试试看。

现在，他只拥有一个仓位，那就是 10 张苹果看涨期权。山姆想，好在苹果公司明天收盘后将公布营收情况，他可以把握住这次机会，赚回他损失的钱。

他出了门，这天剩余的时间里没有再关注市场。骑自行车的时候，他在脑海中回想了一下自己犯过的一些错误。"也许我是一名糟糕的交易员，"他心想，"我买入和卖出的时点都是错的。"

周三上午

山姆的唯一计划是全天持有 10 张苹果看涨期权，然后等着苹果公司的收益报告。开盘前，他收看了财经节目，欣喜地看到大家都认为苹果公司的股票会涨。

他仍然不相信自己在两天内损失了 20 000 多美元，并发誓要打个翻身仗。他查看了期货市场行情，很高兴地看到市场在交易日日初将要反弹。这对他的苹果看涨期权来说是个好兆头。

他还注意到，特斯拉的股票从昨天的位置升起来了，并在盘前上涨了 6%。他对自己这么早卖出特斯拉看涨期权感到窝火——他本可以赚到一些钱，但现在说这些也于事无补了。那已经是昨天发生的事情了。今天是新的一天。

现在，一切都取决于苹果公司和它的财报。

一开市，道琼斯指数和标普 500 指数就涨了超过 1.2%。"这么看，我还是得庆幸已经卖掉了那些SPY看跌期权。"山姆心想。

他在苹果看涨期权上获得了3 200美元的收益，还算不错，可以略微缓解一下亏钱的痛苦。

周三日中：豪赌小子

山姆本来不打算在周三进行交易，但当道琼斯指数和苹果公司的股票在日中反弹走高时，他改变了主意。苹果公司的股票已经涨了2%以上，如果它继续回升，他可以收回部分在SPY看跌期权上的损失。同时，特斯拉的股票涨幅超9%，让他也很懊恼。如果没有卖掉特斯拉的期权，他的账面损益会更好看一些。

市场持续上攻。山姆确信稍后涨势还会继续。他已经吃了看跌期权的亏，市场太强劲了。

山姆急切地想要弥补亏空。他确信，如果他把钱投在苹果看涨期权上，就可以扭亏为盈。

所有的分析师都预测，苹果公司的营收会非常亮眼。如果苹果公司业绩超出预期，苹果公司的股票将一路飙升，看涨期权也将一路飙升。"这次不会赌输的。"山姆内心笃定。

山姆的看涨期权价值逐渐上涨，他越来越激动。按照苹果公司股票上涨的速度，他甚至有可能在当日收盘前就能产生利润。苹果公司股票当天上涨了3%，市场价格是每股402美元。

虽然山姆曾发誓不买太多期权了，但他需要赚回一些损失。道琼斯指数和纳斯达克指数正处于上涨趋势中，山姆不想放过这个机会。

他下单买了 20 张苹果看涨期权，限价为 16.10 美元，行权价 400 美元。他选择了到现在只有三周的到期日，这样做能省点钱。他为这些看涨期权支付了 32 200 美元。

整个上午，随着隐含波动率的上升以及更多交易者逐步将股价推高，期权的价格也一直在攀升。山姆觉得，自己显然不是唯一一个对苹果期权虎视眈眈的人。

山姆确信他的预判是正确的。在最坏的情况下，即使苹果公司的股票在第二天下跌了一点，依照过去的经验来看，它也还是会涨回来的。接下来的时间里，山姆都在阅读那些判断苹果公司盈利将超预期的报告。

他觉得自己目前的账户余额看起来很糟糕。整体持仓价值跌了 18 000 多美元。他希望苹果公司这次能拉他一把。

周三下午

持有 30 张看涨期权，就相当于持有 3 000 股苹果股票，山姆看着这些股票像过山车一样上蹿下跳了一整天。他知道自己在当日高点附近买入，但这并不重要。他想快进到当天结束，看看苹果公司财报公布后的情况，他已经迫不及待了。

下午的时候，苹果公司股价回落了一点。山姆内心毫无波动，因为他百分百肯定，苹果公司给他带来的收益会超过预期。

苹果公司发布财报

收市后几分钟，苹果公司公布了财报。正如大家预期的那样，财报成绩非常亮眼。山姆听到这个好消息后欣喜异常，他对明天开盘后的大涨十分期待，这样他就可以通过看涨期权大捞一笔。

但是，他听完财报公告后，才注意到报告中有些瑕疵。虽然苹果公司本季度表现出色，但该公司也提到，它对未来销售情况没有把握，因此不能保证苹果手机之后的销量是否还能像本季度一样飞速增长。

大惊失色的主持人正在播报苹果公司股票盘后交易大跌，山姆的心一沉。"季报是完美的，"主持人面露惊诧，"但市场似乎不买账。"

山姆去查了查苹果公司的股票走势。它在盘后交易中下跌了7%。7%啊！"全完了！"山姆气得大喊大叫。他把平板电脑扔到墙上，屏幕碎掉了。

山姆非常害怕，他已经无法思考了。如果苹果公司的股票开盘下跌7%，他可能会再损失1万美元。然后他冷静了下来，因为他想起了苹果公司在任何颓势之后总是会涨回来的。

"别慌，冷静。"他重复着这句话。他试图说服自己，他的损失并没有那么惨重。

山姆后悔不已，希望之前选择了一个更长的到期日，因为苹果股价反弹回来可能需要三周以上的时间。由于他现在手握期权，他希望苹果公司股价朝着自己预期的方向发展。

山姆那晚没有睡好，第二天早上 5 点就醒了。他怀着一丝希望，想着苹果公司股价可能会回弹。可他大失所望——由于那些不愿承担风险的机构纷纷抛售，苹果公司的股价进一步下跌。

电视节目中，每个推票人都在谈论苹果公司以及它本季度表现如何超越预期，但是，盘后股价还在下跌。

"这不合理，"山姆对着电视屏幕嘟囔道。

周四上午

美国东部时间上午 9 点 25 分，在开市前 5 分钟，山姆制订了一个计划：无论发生什么，他都要持有他的苹果看涨期权一星期。他确信会有其他买家进入市场，以当前较优的价格买入苹果期权。这种情况以前就发生过，再重演一次也不是不可能。

苹果公司大跌的消息导致指数在美国东部时间上午 9∶30 低开。纳斯达克 100 指数跌幅甚至超过了道琼斯指数及标普 500 指数。投资者开始担心，如果苹果公司预计自己未来表现平平，其他公司应该也一样。

道琼斯指数开盘下跌 75 个点位，而主要由科技股重仓的纳斯达克 100 指数遭到重创。它下跌了 2.3%。

山姆完全不想看见他的交易页面。市场微跌，但苹果公司的股票大跌 8%，而且还在进一步走低。由于他的 30 张看涨期权价格不断下探，山姆在一天内亏了 4 000 多美元。

当山姆看到他的个人退休账户损失了超过 25 000 美元时，

他关掉了交易页面。他出门去购物，中间看了几眼手机屏幕。纳斯达克100指数和其他指数整个下午都在持续下跌。

周四下午

当山姆回到屏幕前时，他看到自己损失了近28 000美元。神经紧绷的投资者正在抛售苹果公司和其他科技公司的股票和期权，苹果公司的股票不但没有反弹，反而继续下挫，纳斯达克100指跌了3.5%。山姆希望他还持有那些SPY看跌期权。他已经不知道接下来应该做什么了。

他接到了布莱德利的电话，"我说什么来着！"布莱德利冲着电话大喊，"你应该听了我的，买了看跌期权吧？"

"没有。"山姆回答道，声音细如蚊蝇。

"你疯了吗？你真应该听我的话。"

"我得挂了。"山姆没有继续说下去，挂了电话。

山姆没法做任何事，他实在太害怕了。他确信苹果公司的股票会涨回来的，但显然不是今天。山姆记得自己读到过，市场恐慌和恐惧心理不会持续太久。他希望不久之后，逢低买入的投资者会买入苹果公司的股票。

市场继续下跌，直到收盘。这时，一个手握较多持仓的卖家决定清仓卖出，苹果公司的股票在收盘前一分钟时再次暴跌。

山姆看着他的交易页面，看到自己已经损失了近36 000美元。"这只是账面损失，"他安慰自己，"在我卖出之前，这都不是真正的损失。"他的个人退休账户总市值降幅超过了 24%。

周五上午

深夜的时候，山姆十份惊恐地发现期货市场正在走低。他很确信市场会反弹，但不是马上就会。更糟的是，苹果公司的股票在盘后交易又下跌了 2%。他简直不敢相信自己运气能如此之差。

第二天开盘，苹果公司的股票继续下跌。但这已经无所谓了，因为山姆已经在这一个仓位上损失了太多资金。现在，山姆真的害怕了。这可是他一生的积蓄！

他无法再忍受这种痛苦了。他等了几分钟，看苹果公司的股票是否会如期反弹，但并没有。苹果公司的股票在盘初继续下探。山姆已经没有希望收回损失的钱了，于是，他卖掉了所有 30 张苹果看涨期权。

卖出后，山姆精疲力竭地瘫坐在椅子上。"这简直是一场噩梦。"他心有余悸。令他震惊的是，短短的几天里，他竟然损失了将近 40 000 美元。

山姆从震惊变成了愤怒，他想知道是谁拿走了他的钱。他怒不可遏，心想再也不能碰期权这玩意儿了。

他呆坐在椅子上，盯着墙壁，大脑一片空白。他的退休账户损失惨重，让他不忍直视。现在，他不得不出去找份工作了。

好了，这就是山姆噩梦般的一周。在第二章，我们将讨论山姆犯的所有错误，以及他应该从中吸取的教训。

第二章

实战中的惨痛教训

也许你认为不会有一个交易员会像山姆那样犯那么多错，但事实上，这种情况时有发生，尽管可能不是在一周之内。每个人都会犯各类交易错误，但对于新的交易员来说，尤其当本金岌岌可危之时，他们格外容易出错。

山姆损失的金额并不重要，重要的是他损失了账户多少百分比的资金，在山姆的案例中，这个比例已经高达27%。

无论你觉得损失多少金额才算是交易的灭顶之灾（金额因人而异），都要充分获知你的风险敞口有多大。了解和管理这一风险敞口是风险管理的首要工具。

为每一笔交易设定一个你能够承受的最大潜在损失金额——这是一个你不愿意损失的金额，但同时也是你可以负担的，并不会让你出现重大财务危机的金额。

如果山姆能合理地管理他的资金和风险，用更小的交易头寸，使用更少的投资金额开始他的投资之旅，他也许可以避免犯这么多的错误。造成这样的损失，实在是太令人心痛，也太不应该了。

在所有我们能从山姆身上学到的经验教训中，最重要的一点就是交易规模要小。交易规模小有两层含义：第一，交易尽可能少的期权合约数量；第二，无论你有多少钱待投资，都要保持你的期权交易账户规模小一些。

如果山姆遵守了这条规则，他就不会那么冒险，也不会遭受如此重大的打击。交易规模小的目的是控制风险敞口，尤其是在刚开始交易的时候。山姆没有必要持有这么多期权合约，尤其是在当期权成本已经如此昂贵的情况下。他的交易行为可以让自己在几天内破产——尽管他最终并没有破产，却也狼狈不堪、悔不当初。

下面，我会简单解释山姆犯下的所有错误以及他应该吸取的教训。我列示出来的目的是避免你们犯和他一样的错误。我不指望你一次性能记住所有教训，所以稍后我会再重温这一部分。当你准备开始交易时，在风险敞口开得太大之前，一定要再来回看一下这些教训，把那些重要的内容牢记在心。

遗憾的是，每个人在刚开始的时候都会犯错，你也会。我们的目标是尽可能避免犯错。更重要的是，尽量不要不断重复同样的错误。

以下内容，是对山姆噩梦般的一周的简要分析。

经验教训

1.山姆犯的第一个错误是没有交易计划或策略可循。他没有买入或卖出的策略，所以只是单凭直觉交易，对于买入和卖出时点一无所知。他至少应该在心里设定目标价位和利润目标。（我们稍后将更深入地探讨这个问题。）教训：在开市前制订一个交易计划、应对演练笔记或策略，并遵循它。

2. 值得再次强调的是，山姆没有注意每笔交易中投入了多少钱。换句话说，他没有先以小规模开始交易。他没有买入 1 份或 2 份合约，也没有为每笔交易设定一个金额上限，而是一把买入 10 张，然后是 20 张很贵的看涨期权，后来甚至持有多达 40 份期权合约。到那时，情况已经不可控了。教训：在你拥有更充足的信心和经验前，交易规模要小。

3. 山姆从电视、互联网或朋友那里获得了投资股票的建议。他应该耐心一些，根据自己的选股标准指定自选股池子，而不应该一味听从布莱德利的建议。教训：不要试图从别人那里获得交易建议，找到你自己想要关注的股票。

4. 山姆似乎是在贪婪心理的驱使下做出的投资决策，很多交易者都会犯这种错误。对于新手交易者来说，最糟糕的后果之一就是赚快钱——这导致他们过度自信，认为交易很容易，从而致使他们不断投入更多本金，使得交易风险如滚雪球般越来越大。不久之后，他们就会失去理智，交易更多的合约（和现金）。教训：意识到自己正在受制于贪婪，停止交易，直到这些情绪消失。

5. 尽管拥有 3 种期权头寸可能看起来并没有很多，但对山姆来说的确超出了他的能力。像山姆这样的交易新手，在他确信自己有能力多应对 1 个期权头寸之前，就不应该再多加了。这就是风险管理经验。也许有些交易员可以兼顾多个头寸，但那也是在他能够轻松管理一到两个头寸之后。教训：不要同时拥有太多的头寸。

6. 即使山姆面临巨额损失，他仍然继续增加交易数量，而非减少。正是因为他增加新的头寸和扩大现有头寸的规模，才最终导致了重大损失。在当时那种情况下，解决办法是减少交易频次，减少合约数量。教训：不要过度交易。

7. 如果山姆用较少的合约进行交易，并且拿更少的本金冒险，他的不少问题就会迎刃而解。当他拥有 40 张期权头寸时，情况已然失控。交易规模小一些，频次少一些，就会减少他的情绪干扰，损失也会相应减少。他应该计算好，这么多头寸理论上最大会造成多少损失，如果这个损失让他难以承受，他就应该减小头寸规模。教训：减少交易规模，降低交易频次，管理好情绪。

8. 山姆知道要卖出亏损资产和持有获利资产，但这些规则不是一成不变的。尽管这两点对交易者来说是很好的建议，而且会在交易中起到较为重要的作用，但有时你必须打破规则。山姆遵循了交易规则，但却输了钱。教训：交易时要灵活。

9. 交易期权（和股票），上午获利，下午可能就会亏损，就像山姆那样，眼看着自己 1 620 美元的收益变成了损失。看着赚到的钱白白亏掉，没有比这更糟糕、更能挫败交易员的自尊心的情况了。我很喜欢一句话：睡前国王，睡后负翁。为了减少这种情况在你身上发生的概率，请密切关注手中头寸的表现情况。这是交易中最困难的事情之一，因为几乎没有人能够准确预测哪些期权会升值，哪些会贬值。教训：寻找机会卖出已经赚钱的头寸，落袋为安。

10. 山姆急于买入期权，所以下了市价单，成交的价格对他并不有利。他本应该等待一段时间，争取等价格更优时再买入。一般而言，交易员没有理由必须"立马"成交，有时错过一笔交易也没关系。教训：在交易世界里，只有傻瓜才会冲动行事。尽量下限价单，如果你正处于惊慌失措或过度情绪化的状态，就不要交易。

11. 显而易见，山姆根本就不应该听从布莱德利的建议。在交易过程中，不要接建议电话或接收短信，这才是明智的做法。如果你的朋友想提供建议，告诉他们闭市后再给你打电话。教训：交易时不要接收建议电话或短信。

12. 山姆不仅花了大价钱交易期权，还动用他的退休金账户进行投机交易，结果演变成了一场灾难。他动用了个人退休金，因此让自己的退休生活风雨飘摇。这个决策是错误的，而这一切是因为他想延迟纳税。还是那句话——请向税务专家咨询专业建议。教训：用你的退休资金购买期权时要当心。

13. 山姆在单笔交易中风险敞口太大。因此，他实质上已经跨越了从交易到赌博的界限。他表现出了赌徒的所有症状，但可惜，山姆并没有意识到这点，甚至在他的退休金账户上损失了一大笔钱后也没有意识到。如果想要靠幸运女神的眷顾来赚钱，那和在赌场赌博有什么区别？有时，你并没有意识到你已经过界，甚至失去理智了。教训：不要成为赌徒，如果你意识到自己越界了，请停止交易。

14. 在财报公布前买入看涨期权风险是很大的，而且当时刚好期权价格也处于高点。山姆却偏偏买入太多，因此在过多持仓中直接被压垮，最后亏了不少钱。教训：不要让交易复杂化。

15. 山姆一直为自己没有看准机会见好就收而自责，这给他带来了精神压力，影响了他整个星期的交易方式。他还试图实现盈亏打平，而且还在那些让他亏了钱的股票上继续较劲。他没有像研究者一样进行交易，而是像一只"忧天小鸡"一样恐惧焦虑。要想成为一名成功的交易员，你必须控制住那些不利于自己思考的情绪。如果你做不到，那当天就不要交易。教训：像研究者一样交易，永远不要抱着达到盈亏平衡的心态去交易。

16. 虽然在手头持有的仓位有一定盈利的时候进行加仓是可行的，但必须提早进行，而且要在正确的时间。（没错，择时是决胜关键。我们将在后面讨论如何择时。）对于期权来说，加仓的时间很容易晚，以至于最后追涨杀跌，这样通常会惨淡收场。如果你确实要加仓一个持续赚钱的资产，一定要量力而为。教训：如果可能的话，尽早加仓优质资产，而且要以少的合约数交易。（如果太晚，就不要交易了。）

17. 山姆对市场或股票走势毫无头绪，没有学会看趋势图，也没有尝试学习基本的技术分析知识，而这些可以帮助他寻找更好的入场和了结的时点。最终，他只是心血来潮地决定自己的交易行为，不是基于交易计划、策略或者图表。教训：在交易前学习基本的技术分析知识。

18. 山姆在买入期权后一小时内就赚了钱，但他没有留存好这部分收益。他本应该适时卖出期权，获利了结，或者当获利开始收窄时就当即卖出。卖出获利的期权以落袋收益，或者在还可以控制损失的时候卖出亏损的期权，是交易制胜的关键，但掌握这项技能并不容易。事实上，你需要用整个交易生涯来精进这两项技能。何时选择留存收益，何时选择获利了结，是每个交易员面临的挑战，尤其当市场日内股票价格不断波动之时。当山姆步入期权市场的时候，他从未思考过这些困难，也对下一步应对方式毫无头绪。*教训：交易期权要考虑和学习的东西，比大多数人想象的要多得多。*

19. 虽然交易员整天坐在电脑前也不现实，但在形势复杂且还持有高风险资产时半途走开也是不明智的。山姆留下了一个大额未平仓的期权头寸，很不走运的是，几分钟内市场就朝着不利于他的方向发展。许多运气不好的交易员就是因为离开电脑去吃午饭或者点心而损失了一大笔钱。也许应该等头寸了结后再休息，或者在交易台上解决午饭。顺便说一下，当你在休假时，不要交易或持有未结头寸。*教训：任何时候都要关注你的期权头寸。*

20. 看跌期权并不容易管理，但山姆并不知道，因为他没有任何实际经验，也没有接受过训练。仅仅读几本关于期权的书并不能为他提供足够的知识。他完全没有准备好进入期权市场进行交易，这也让他损失惨重。如果接受过期权交易的训练，他在购买看跌期权时就会很谨慎，不会长期持有，并且在有利可图时就会了结。山姆并没有做好实盘交易期权的准备。教训：在交易期权之前接受期权知识教育。

21. 虽然遵循过多的技术指标是错误的，但也不能完全不参考技术指标。山姆应该在他的市场行情软件上关注至少一到两个参考指标，或者他应该学会本书中的策略。由于没有交易计划、策略、参考指标，山姆注定会失败。教训：研究市场指标或行情图例。

22. 每天，山姆都应该把他意识到的自己所犯的错误记录下来。他应该花时间复盘自己为什么会出现亏损。例如，他之前还在获利的期权为何会突然开始亏钱。他没有理解或分析自己的错误，所以一而再再而三地犯错。教训：记下你的交易失误，找到你亏钱的原因。

23. 山姆不明白期权市场是如何运行的，也许他认为市场是有一定逻辑的，但如果你想要分析逻辑，那你可以去下棋。山姆就相当于怀揣大量资金，却对前路一无所知，就这样莽莽撞撞地进入了期权市场，所以，他亏钱一点也不让人惊讶。这不是期权市场纷繁复杂的错，而是山姆没有准备，没有受过相应教育的结果。教训：在开始交易之前，自己要多学习（这也是你读这本书的原因之一）。

24. 山姆还是一个交易新手，还没有形成日常良好的交易习惯。另外，他失去了对自己情绪的控制，然后是对他账户的掌控力。他在没有明确买入理由的前提下，买进了飙升中的股票。他买入股票也十分随意，并没有花时间研究每只股票的特性和日内交易变化情况。教训：买入或卖出前要有规划和策略。

25. 苹果公司的财报是一把双刃剑。虽然大家都预测财报结果会很积极（确实如此），但没有人预料到其对未来的指引（未来预期）会是负面的，也没有人能预测到市场会如何反应。对山姆来说，在财报公布前持有单向涨跌（看涨）的做法实在是太冒险了。也许他的看涨观点是合乎情理的，但他投入的金额实在太大。在财报公布前做出期权方向的判断只是猜测而已，并不是交易。另一个问题是，山姆非常确信自己判断正确，并由此下单。很遗憾，股票市场不是童话里的仙女教母，不会对你有求必应。教训：在重大财报公布前买入期权要谨慎。

26. 通常情况下，失败的交易会产生连锁反应，山姆的情况就是如此。为了避免这种错误，当你经历了一次交易失误后，要意识到自己的错误，然后清空仓位，忽视所有要赚回损失的想法。接受现实——你已经亏损，这些钱已经归为他有了。每当你意识到发生了一个交易失误，并且你可能会继续犯错的时候，立即停止交易。让自己定定神，卖出手上所有的头寸，等头脑清晰以后再重新开始。教训：如果你一直在亏损，那么就停止交易。

27. 山姆犯的另一个错误是，当他看到自己的股票飙升或下跌时，他就开始追涨杀跌。追涨杀跌是交易的大忌。如果山姆读过这本书，或者有更多的交易经验，他就会知道，开盘时跳空高开或低开的股票往往会势头减弱，然后局势反转。教训：不要追涨（或者如果你使用了技术分析，不要纠结于跳空）。

28. 当山姆买入特斯拉的股票时，他买进的是一只高波动股票（至少在他买入时是波动性极高的）。像这样的热门股，如果你判断错了方向，就一定会亏钱。正因为特斯拉股票的发展方向无法被准确预测，股价也高昂，即使山姆只买了一份合约，风险也已经很高了。如果山姆买了更多的期权，一步踏错就会血本无归。一般来说，股票的波动性和涨势越猛，你能承担得起的投入就会越少。教训：避免交易不可预测和高波动的股票，或保持较小的交易规模。

29. 交易中最重要的规则之一是迅速卖出跑输的资产。这句话已经深深烙印在每个交易员心中。山姆了解这条规则，但由于某些原因，他并没有遵守。对于缺乏纪律的交易员来说，这是一个常见的问题。他们只是拒绝接受损失，不愿清退。交易纪律就是，交易员要了解自己的交易规则，并且遵守它们。一旦损失达到他为交易设置（或应该设置）的最大限度，那么就应该卖出。当交易损失较小时，是可以接受的。此外，当他手中跑赢的资产变成跑输的资产后，那是一个显而易见的警示信号。教训：当损失达到你在交易前设定的限额时，要及时止损。

30. 山姆在不了解隐含波动率如何影响期权价格的情况下交易了期权。由于隐含波动率很高，他为期权支付了过高的成本。尽管山姆自以为他清楚应该如何交易期权，但他缺乏期权定价的基本知识。在获得更多的实战经验前，贸然开始交易期权是不明智的。教训：在交易前了解基本的期权概念，包括隐含波动率。

31. 山姆犯的另一个严重错误是在亏损的头寸上成倍地增持。

他的 SPY 看跌期权已经损失惨重，但是因为邻居的怂恿，山姆在一个亏损头寸上又加大了投资。他甚至已经意识到了这是个错误，但他无法自控。在贪婪和欲望的驱使下，他栽了个大跟头。

教训：给亏损头寸加仓势必会一败涂地。

32. 从山姆的身体反应可以看出，他明显已经深陷其中无法自拔了。当他手握头寸，却感到不适、头晕和对手中所投期权的走势充满担忧和恐惧时，就应该意识到自己持有太多的仓位了。他无法入睡，其实也是一个信号。他应该适当减仓，直到他觉得可以安心入睡为止，或者听从身体发出的信号。教训：注意你的生理反应。

33. 山姆犯的另一个错误是没有分散投资。他把自己的全部个人退休账户用于交易期权，这是一个致命的错误。他应该把他的退休账户和期权投资账户分开，只拿出一小部分，也许是 10% 的钱来进行交易。了解你在期权市场中的风险敞口有多大是一项必需的技能。其他本金不多的人也应该限制交易的金额和规模。教训：不要用你的个人退休账户来交易期权，也不要用超出你偿还能力范围的本金交易。

交易恐惧

山姆并没有这个问题，但关键在于，你不能仰仗期权市场来偿还你的账单或债务。虽然理论而言，利用期权（或股票）市场来偿还你的信用卡账单听起来妙不可言，但在现实中，这个计划可能会适得其反。

把期权市场当作提款机，你就有可能"害怕交易"，从而出现失误。最坏的情况下，你不仅可能失去你全部的投资本金，并且可能落得一身债务。

我的第一个建议是将你的期权交易账户与其他投资分开。如果能从期权交易中获得可观的利润，你应该定期将收益从期权账户转移到风险较小的投资中。

但如果你的目标是通过期权交易赚大钱，借此解决你所有的财务问题，那么你可能会因此承担过多的风险。持续获利的想法会给你造成巨大的压力，让你连续出现错误，最终造成无可挽回的损失。

最后，因为山姆是新手，即便手持较多初始资金，他也应该以更少的本金开始交易。另外，他可以用个人退休账户中的资金交易期权，并不意味着他应该这么做。

●●●●●●●●

希望你能从山姆的惨痛经历中得到一些教训。请不要认为上述任何情况都不会发生在你身上，因为任何对风险毫无敬畏之心的人都有可能犯其中的一些错误。

正如我在本章开头所述，你应该定期回顾一下这些教训。更重要的是，列出一份专属于你自己的清单，记录你最常犯的错误和由此学到的教训。

要点：如果有人告诉你，交易期权或股票可以轻轻松松

日进斗金，不要轻信他们。事实并非如此。虽然赚钱很有趣，但永远不要忘记承受亏损会有多痛苦，这就是你必须了解和管理风险的原因。

●●●●●●●●

现在，你了解了期权交易的潜在风险以及当你不遵守交易纪律时会发生什么。接下来，我们开始学习如何利用各种期权策略来获利，有些策略非常与众不同。深呼吸一下，因为接下来的部分对你来说可能是全新的体验。

第二部分

测试交易策略

现在，你对期权交易的潜在风险有了更多的了解，是时候开始下一步的学习了。在第二部分中，我将介绍测试交易策略，这是一种识别跑赢股票的新方法。

由于第二部分介绍了许多新的思路，因此你可能需要一点时间来理解消化这些内容，才能有信心将这些知识运用到实践中。我会尽量用对话的语气和易于阅读的行文风格来表述以下所有内容。

记住，你没有必要急于通读完这一部分。有时，你可能不得不多次阅读某些章节。更为重要的是，在看到一些你从未听过的简单方法时，尽量保持开放的心态。我可以向你保证：你在这部分学到的知识，将不同于你在其他任何地方学习到的。

第三章

测试交易账户

在本章中，你将学习如何在你的证券公司或互联网软件中建立一个测试交易账户（也被称为模拟交易账户或纸交易）。许多证券公司花费时间和金钱开发模拟交易账户，我认为这是有史以来最实用却最不受重视的工具。

许多交易者都会使用模拟交易程序来测试他们的策略或想法，或进行回溯测试（评估一个策略在历史市场环境中是否可行）。在交易论坛中，许多交易员表示不喜欢使用模拟程序，因为他们认为这些程序没有现实意义，对实践没有帮助。恕我不能苟同。

事实上，我有以下发现：几乎每个交易日，你都可以使用测试交易账户来寻找一个优胜的股票或指数进行交易。不要相信那些说模拟交易无用的人。

实不相瞒，我曾经也认为模拟交易很鸡肋，但事实证明我错了。在实践中，学习如何交易、赚取利润和避免亏损的最好途径就是建立测试交易账户。我希望自己在刚开始交易时就能认清这一点！

如前所述，你将学习如何使用测试交易账户来寻找优胜的股票，它设置和实施起来都很容易，而且应该可以帮助你几乎每天都能找到潜在的优胜股。

建议

- 了解你的证券经纪公司是否有模拟或测试交易账户，以便客户在实盘操作前可以进行测试。如果他们没有，这是不应该的。在我写这本书时，我与几家证券公司进行了交谈。这些销售代表告诉我，他们的公司正在开发模拟交易账户（或正在筹划）。希望将来每家证券公司都能为客户提供一个测试交易账户。

- 如果你无法使用模拟交易程序，也不要担心。我可以给出如何在无法进行虚拟交易时使用测试交易策略的指导。你需要做的，就是自己进行交易记录。请看本章末尾的补充内容"如果你没有测试交易账户"。

- 如果你在了解了测试交易策略后，还是更喜欢使用技术分析等传统方法，那也没关系。你可以同时使用这两种方法，事实上，我也推荐你这样做。

测试交易策略介绍

当还是一名教师时，我清楚自己讲课效果如何，取决于我每天上课前备课的熟练度。我的准备和计划越充分，讲课成功的概率就会越大。

期权市场也是如此。事实上，作为一个交易员，你的成功或失败通常在美国东部时间上午 9：30 开市前就决定了。如果你在开市前没有做好准备，成功的概率就会大大降低。

大多数交易者，尤其是初学者，不知道如何为交易日做准备。我现在要介绍的测试交易策略可以帮你改变这种情况。如果你耐心进行设置并合理加以使用，我相信它将极大地改善你的交易产出，因为它就是这样作用于我的。

测试交易策略就是用一个测试交易账户来寻找优胜的股票和交易所交易基金（ETF）。使用这一策略的另一个好处是，它可以帮助你确定何时交易，或何时避免交易，因为市场往往危机四伏。

测试交易策略背后的理论

我想讲一个故事，来更清楚地解释测试交易策略的逻辑。试想一下，你前去赛马场，决定对一匹马下注。你应该知道在比赛开始前，可以在一匹或多匹你认为会取得优异成绩（分别是第一名、第二名和第三名）的马匹上下注。如果你选择的马匹获得前三名，你就能赚钱。

最重要的是，一旦开始铃声响起，比赛开始，你就不可以下任何注了。我们设想一下，如果这个规则改变，也就是说在起跑铃响后不久，当比赛开始进行时，仍然可以下注。如果这样是可行的，你显然会把赌注押在领先的一两匹马身上。

通过测试交易策略，每天你都可以尝试找出开市后领跑的一两只股票或指数。一旦你确定了潜在的优胜股，你将通过期权的方式下注（如果你是投资者，则买入该股票）。

换句话说，虽然在赛马场上你不能对已经处于领先位置的马匹下注，但在股市中，你可以买入处于领先位置并获利的股票期权，这些是真正跑赢市场的标的，也就是说，那些在开市后不仅一路走高，而且在日内大部分时间（或持续更久）一直上涨的标的。

虽然在牛市中你可以赚到最多的钱，但在其他时候，往往也会有一两只股票是极有利可图的（你将在后面学习如何定位这些股票）。你的任务是找到那些一直在稳步上涨的极强势的股票。在股票市场乏善可陈的时候，你都不要进行交易。

有些读者应该已经意识到，这种策略与"趋势交易"类似——它们确实有相似之处。当你赶上一个上升趋势并买入看涨期权（或在下降趋势中买入看跌期权）时，你就可以赚钱。

然而在测试交易策略中，你并不是简单地依据价格趋势图上的方向来买入。事实上，传统的趋势交易策略风险极高。正如赛马，标的股票可能一开始很强劲，但在你买入后不久，股票可能会失能并局势扭转。盲目跟随或追涨杀跌，往往会导致灾难性的后果。我会帮助你避免犯这种错误。

通过测试交易策略，尽管你的确在跟随趋势，但除非你根据自己既定的标准判断这是一只优胜股，否则你是不会买入的。让我们接着往下读，我将详细告诉你如何寻找这些优胜股。

要点：你即将学习的策略是一种趋势跟踪策略、动量策略。制胜关键是找到一只趋势向上的获利股票，然后追随买入。

测试交易策略主要是为了利用看涨期权做多股票或指数。如果看跌股市并想买入看跌期权，可以在之后的第七章中学习如何操作。

设置测试交易账户

首先，假设你已经有了一个证券账户，并且已经得到了证券公司的许可，可以开始期权交易。（如果还没有，你可以在任意方便的时候申请。在本章中，我们不会进行实盘交易，所以你有充足的时间打电话给证券公司开一个期权交易账户。）

最关键的是，如果你能获得一个测试交易账户，这将对你大有裨益。大多数证券公司允许模拟交易，但即使证券公司不允许，你仍然可以使用本书中的策略。我觉得每个证券经纪公司最终都会有一个模拟或虚拟交易程序。为什么会如此？因为像你这样的客户会提出要求的。

截至我写这本书的时候，可以开测试交易账户的证券公司包括宏达理财公司（TD Ameritrade）、盈透证券（Interactive Brokers）、Trade Station 和亿创证券（E*TRADE）等。我相信当你读完这本书时，还会有更多的券商加入这个行列，我将在本书再版的时候列出它们的名字。

功能最强大的模拟交易账户之一是宏达理财公司 think or swim 平台上的 paper Money 虚拟股票市场模拟器。其界面很容易操作，而且你会得到无限量的虚拟现金。世界上任何拥有电子邮件地址的人都可以免费使用该程序 60 天（即使你没有该公司的账户）。如果你采用测试交易策略，我强烈建议使用这个程序。

温馨提示：如果你有朋友想交易期权或股票，但没有证券经纪账户，建议他们从上述测试交易账户开始做起。

另一个选择是在第三方网站上开一局模拟交易游戏。模拟账户复刻了真实的交易，尽管行情显示会延迟 15 分钟，但即使有 15 分钟的延迟，你也可以用我的方法找到领先的股票，这也是你在本章要学习的策略核心。

注：如果你想进行模拟交易，但没有任何模拟交易账户，请阅读本章末尾的补充内容"如果你没有测试交易账户"。

注册测试交易账户花费的时间通常不超过 10 分钟。不过，不是每个人都有时间或动力来提前注册和参与。但是，后面你应该会像我一样认识到，一旦你亲身体会到了模拟交易的成果，你可能永远不会想在没有它的前提下进行实盘交易。不过这取决

于你想投入多少时间来使用，以及你是否相信它会增加你的交易利润。

再重复一次之前提到的，如果你正在使用其他分析方法，例如技术分析，那么你可以充分结合你已经掌握的各种方法。不应该只有一种方法是可行的。测试交易策略只是分析整个市场和个股的其中一种方法，但并不是唯一的。

那么现在，让我们开始学习吧！

看涨期权和看跌期权

虽然有几十种期权策略，而且很多都结构复杂，但本书所涉及的唯二期权策略是买入看涨和看跌期权。无论你偏好的期权策略有多复杂，买入看涨和看跌期权都是其核心。

虽然买入期权是很容易理解的，但对许多交易者来说，能从中赚钱却很困难。我希望我可以通过测试交易策略来帮助你提高成功的概率。

第1步：创建你的自选股清单

创建一个自选股列表并保持关注，这个清单包括你所关注的股票、ETF或其他证券，这对投资交易能否成功至关重要。清单基本信息包括股票盘口行情、买卖价格、交易量和其他的具体细节。你可以在iPad、平板电脑、台式电脑或智能手机上随时查看。

将 SPY 和 QQQ 添加到你的自选股清单中

你可以从添加 SPY 和 QQQ 指数开始，但你也应该关注道琼斯工业平均指数（DJIA）和标普 500 指数。然后你可以把其他证券加入清单，包括你关注的个股。

一定要自己建立完备的自选股清单，这件事的重要性我怎么强调都不为过。你的自选股列表中的许多股票要与整个股票市场有很高的相关性，它们代表你持续关注的核心股票群，而且可能是你每天都要交易的股票。

清单的前两个标的应该是 SPY 和 QQQ。接下来，我们把个股添加到清单中。当完成时，你将有一个功能强大的自选股清单。你所做的大部分交易都将出自这个清单。

第 2 步：将个股加入你的自选股清单

几乎所有有经验的交易员都有一份他们正在关注或考虑交易的自选股清单，你也应该这样做。

太多的交易员只匆匆看一眼股票行情，却没有利用好这些数据。可是，与其被动地观察股票行情，不如在时机出现时利用清单寻找优胜股。记住，要留心核心股票每天的表现。

要将个股加入你的关注清单，你必须决定好要加入哪些股票。以下是我用来创建选股清单的标准，但你可以根据自己的经验或需要自由调整。

如果你是一个从未建立过自选股清单的交易员新手，不妨用用以下标准，直到你认为有信心自己建立自选股清单。你要定期添加和删除股票，直到确定一组核心观察股票。

自选股清单应包括 80 至 90 只股票。如果你从未创建过自己的清单，80 至 90 只股票可能对你来说太多了。请不要担心，因为你不会交易那么多只股票。当你开始使用测试交易策略时，每天只有寥寥几只优胜股，通常在 5 到 10 只的范围内。

选股标准

关于建立自选股清单，我的初步建议如下：

1. 关注一些每股单价在 50 美元及以上的股票。（如果你愿意的话，加入低价股票也可以，但我更喜欢价格较高的股票，这些股票波动性相对大一些。这只是个人选择。）

2. 加入市场上最活跃和流动性最强的股票，这些股票都会被机构重仓，包括共同基金、指数、银行和对冲基金，也就是媒体报道中经常提到的那些股票。这些股票来自一些世界上最负盛名的公司。它们有时会剧烈波动，偶尔会经历快速的价格变化。（这对同时拥有看涨或看跌期权的交易员来说是好事。）

不应列入的股票

许多股票不适合列入自选股清单。不过我清单上的股票你不一定也要加上。我通常不会加入美国存托凭证（ADR）的标的股票，这种存托凭证代表其对外国公司的投资。另外，我也不会加入我不认可的公司的股票或有特殊股票标识的股票。

这些股票不仅有潜在的交易风险，而且它们很可能流动性很差（市场上很少有投资者交易）。你应该把范围框在你知道和听说过的公司的股票中。

我的自选股清单

举个例子，以下是我写这本书时在我自选股清单里的股票。这些名字可能会随时发生变化，所以，在你阅读以下内容的时候，我的清单一定已经变动过了。我每隔几周或几个月就会进行调整。

按照字母顺序，我的清单中包含以下个股：A（安捷伦科技）、ABT（雅培实验室）、AAPL（苹果）、ABBV（艾伯维）、ADBE（奥多比系统公司）、AMAT（应用材料）、AMD（美国超微公司）、AMGN（安进）、AMZN（亚马逊）、ATVI（动视）、AXP（美国运通）、BA（波音）、BABA（阿里巴巴集团）、BBY（百思买）、BIDU（百度）、BMY（百时美施贵宝）、BX（黑石集团）、BYND（别样肉客）、C（花旗集团）、CAT（卡特彼勒）、CL（高露洁）、CLX（高乐士）、CMG（墨氏烧烤）、COST（开市客）、CRM（赛富时）、CRWD（CrowdStrike）、CTXS（美国思杰公司）、CVS（西维斯健康公司）、DE（迪尔公司）、DFS（发现者金融服务公司）、DIS（迪士尼）、DOCU（电子签名）、EBAY（亿贝）、ETSY（Etsy）、EXPE（亿客行）、FB（脸书）、FDX（联邦快递）、FSLY（Fastly）、GILD（吉利德科学）、GIS（通用磨坊）、GLD（黄金 ETF）、GOOG（谷歌）、GS（高盛）、HD（家得宝）、HLT（希尔顿）、HON（霍尼韦尔国际）、IBM（国际商业机器）、INTC（英特尔）、JNJ（强生）、JPM（摩根大通）、KO（可口可乐）、LLY（伊利百合）、LMT（洛克希德马丁）、LOW（劳氏）、LULU（露露柠檬）、MA（万事达）、MAR（万豪国际）、MCD（麦当劳）、MMM（3M）、MRK（默克）、MSFT（微软）、MU（美光）、NELX（网飞）、NKE（耐克）、NVDA（Nvidia）、OSTK（Overstock）、PEP（百事可乐）、PG（宝洁）、PYPL（贝宝控股）、QCOM（高通）、ROKU（Roku）、SBUX（星巴克）、SHOP（Shopify）、SPLK（Splunk）、SQ（Square）、TGT（塔吉特）、TSLA（特斯拉）、TWLO（Twilio）、TXN（德州仪器）、UPS（联合包裹服务）、V（维萨）、VZ（威瑞森通讯）、W（Wayfair）、WBA（沃尔格林联合博姿）、WMT（沃尔玛）、WYNN（永利度假村）、XLNX（赛灵思）和ZM（Zoom视频通信）。

　　你可以将以上股票加入你的自选股清单，当然还有其他你自己偏好的股票。你现在有了一个强大的清单。当你准备交易的时候，你将以买入这个清单上的股票和ETF的期权为主。

一个起点

　　把这个清单当作一个起点。随着经济环境的变化和时间的流逝，你的选股清单也会发生变化。一些股票将会跌至每股40或50美元以下，或不再受到机构的青睐。未来会有新的公司出现，你可以将它们吸纳进来。以往的一些自选股则可能会被踢出清单。

　　图3-1显示了我的自选股清单的一部分。

barchart.com

股票 ETF 期权 期货 外汇 新闻 控制面板 工具 免费试用高级版

	代码 ▲	名称	最新价	变动	百分比变动	开盘价	最高价	最低价
+	$DOWI	Dow Jones Industrials Average	27,930.33	+190.60	+0.69%	27,758.13	27,959.48	27,686.78
+	A	Agilent Technologies	98.30	+0.52	+0.53%	97.87	98.32	97.27
+	AAPL	Apple Inc	513.12	+15.64	+3.14%	477.05	514.18	477.00
+	ABBV	Abbvie Inc	95.40	+0.54	+0.57%	95.20	95.40	94.32
+	ABT	Abbott Laboratories	103.00	+0.60	+0.59%	101.63	103.00	100.84
+	ADBE	Adobe Systems Inc	478.00	+4.78	+1.01%	477.09	479.40	470.34
+	AMAT	Applied Materials	62.97	+0.70	+1.12%	63.10	63.28	61.92
+	AMD	Adv Micro Devices	84.38	+0.57	+0.68%	83.29	84.47	72.23
+	AMGN	Amgen Inc	237.38	-0.26	-0.11%	238.88	238.88	235.51
+	AMZN	Amazon.com Inc	3,311.70	+26.98	+0.82%	3,295.00	3,314.39	3,275.39
+	ATVI	Activision Blizzard	83.63	+0.42	+0.50%	84.05	84.09	82.73
+	AXP	American Express Company	97.00	+0.85	+0.88%	96.49	97.65	95.96
+	BA	Boeing Company	169.92	+2.42	+1.44%	168.35	170.08	167.27
+	BABA	Alibaba Group Holding	273.32	+7.52	+2.83%	259.03	273.43	258.31
+	BBY	Best Buy Company	117.00	+3.00	+2.63%	112.00	117.00	111.95
+	BIDU	Baidu Inc	123.90	+1.45	+1.18%	121.54	123.90	121.10
+	BMY	Bristol-Myers Squlbb Company	62.50	+0.31	+0.50%	62.22	62.50	61.74
+	IWM	Russell 2000 Ishares ETF	155.97	+1.36	+0.88%	154.48	156.00	153.60

图 3-1 我的自选股清单部分截图

第 3 步：建立测试交易账户

现在，你已经建立了自选股清单，紧接着就要开立测试交易账户了。仅仅有一个关注列表是不够的，这些每个交易员电脑上都会有。接下来我们要做的事情跟大多数交易员不同：我们要用一些符合我们标准的股票进行模拟交易。

如果你不知道如何开始个股或者期权交易，不要慌张。下面有设置测试交易账户的分步说明。完成交易模拟演练应该只需要几分钟时间。

如果这是你首次交易，可能需要更长时间，但不要纠结于速度，这并不重要。最开始这个过程可能看起来比实际情况要复杂。另外，你在模拟账户中做这些交易练习总归比冒真金白银的风险要好。

给交易新手的温馨提示：如果你不熟悉期权词汇或从未进行过期权交易，你可以在继续阅读前先看第十章"期权迷你课程"。这样你就能理解后面的讲解了。

那么现在，让我们来学习一种新策略，来帮助你识别和买入优胜股。

第 4 步：在测试交易账户中进行模拟交易

请牢记在心，在测试交易账户中，我们不是在做实盘交易，而只是模拟交易而已。下面是关于如何开立测试交易账户来交易个股期权的具体说明。

那么让我们开始吧！

在开市前，我们先开立和设置好测试交易账户。我们不是一上来就用真金白银押注一路飙升的股票，而是利用模拟账户的相关数据来锁定领先的股票。一旦找到这些股票，我们将买入最有潜力升值的股票的看涨期权。

调整测试交易参数

在开始进行个股模拟交易前，你应该调整模拟交易账户的参数。证券公司给你的账户资金通常是有上限的。

你可以自主调节这个金额，使你的模拟交易账户中留有 10
万美元到 500 万美元的现金。这个金额区间足够你买入几十只股
票。如果你的模拟交易程序限制使用资金的上限（有些模拟程序
有 10 万美元的限制），这也没关系。你可以通过降低你买入的股
数和期权合约数来应对。我们等一下会在模拟交易账户中每只股
票买入 100 股，但你也可以买入更少的数量。

温馨提示：你应该每天晚上清空（重置）当天的所有交
易，第二天再重新开始。在每日日初的时候，你的账户
中应该没有任何持仓。要重置当天的交易和调整交易
偏好（如增加账户资金金额），你必须将程序下载到
电脑上。如果你无法调整偏好，请联系证券经纪公司
寻求帮助。

我们继续构建测试交易账户，以便对符合筛选标准的个股进
行测试。这个过程每天只需要几分钟的时间。如果你是一个初学
者，以下内容一开始可能看起来很混乱，但经过一段时间的入门
学习之后，就会比较容易理解。正如我之前所说的，越多练习，
就会越早学会交易。

开市前 30 分钟

开市前至少 30 分钟内，你需要做以下几个步骤。

第 5 步：关注自选股清单中的行情和报价信息

查看你清单中的股票及相关指数报价。这样你就可以在开市前通过观察期货市场报价，抢先对股市开盘情况有一定判断。我经常说，期货预示着未来——这话是有道理的。

第 6 步：定位出涨超 1 个点位（或 1%）的股票

使用测试交易策略（或几乎任何策略）赚钱的关键从开盘前就开始了。不要忘记你的主要任务：寻找有潜力跑赢的股票。很多方式都可以助你实现这一目标，接下来我将向你展示我个人的最爱。

在我们正式开始前，我想先声明，筛选标准是灵活的。也就是说，尽管我向你展示了选股标准，但你可以根据自己的考虑自由调整。只要你能找出优胜股，方法并无优劣。

浏览一下你的自选股清单中交易活跃的那些。我使用的标准如下，非常简单。

你要挑出清单中在盘前上涨超过 1 个点（或 1%）的股票。一些交易员更喜欢参考百分比变化，而不是以金额计价的价格变动。

测试交易策略的设计本来就较为灵活。你可以将 1 个点（或 1%）的移动视为一个参考水平，而这不是必须遵循的规则。对于那些喜欢交易低价股的人来说，他们会更多地关注百分比波动。

无论你使用点位还是百分比，都要对那些趋势上行的股票保持关注并在测试交易账户中买入。如果你选择的标的不断走高，就可以考虑实盘交易了（具体内容见后文）。

如果你选择在盘前有较大百分比波动的股票，我建议你不要选择飙升超过 8% 或 9% 的那些。原因在于，开盘时飙升过高过快的股票往往会迅速扭转势头，交易风险太大。

点位还是百分比

要买入哪些股票，每个投资者想法各异。我一直提到交易价格更高的股票，但你不一定要亦步亦趋。

我也知道，价格 50 美元的股票 1 个点位的波动实际上是 500 美元股票同样 1 个点位波动的 10 倍。这也就解释了为什么许多交易者会看重百分比变动，而不是点位变动，但无论你使用点位还是百分比，都不要忘记首要目标：寻找优胜股。

我希望你可以在我的鼓励之下鼓起勇气实践，看看究竟哪种方法最适合你和你交易的股票。实践初期，请使用 1 个点位或者 1% 百分比标准。随着你的训练和经验日臻成熟，你就可以快速在自选股中遴选出有潜力成为优胜股的那些股票。

在下一章，你将会学习如何处理这些优胜股，但现在，不要着急，找到那些盘前蓄势待发、呈现升势的股票。

在某些交易日中，尤其是当市场正在下跌时，可能只有极少数股票符合标准。在其他时间里，当市场在跳空高开且要保持劲头的交易日里，你清单中的许多股票将上涨超过 1 个点（或 1%）。真正可以获利的股票将在其中诞生。

仔细探寻的力量

一旦你确定了潜在的优胜股，就该进行下一步探究了。在投入真金白银之前，找出真正能笑到最后的优胜股。比起实盘亏钱，我还是选择先在模拟交易中摸爬滚打。

在测试交易账户中，通过以下几个步骤进行模拟交易。

第 7 步：在测试交易账户中，买入 100 股涨超 1 点（或 1%）的股票

筛选出符合我们标准的股票后，在盘前下单买入 100 股（或更多数量）的股票。

你可能想问，为什么我们要买入股票而不是期权。因为期权市场在美国东部时间上午 9：30 才开放。我们在市场开盘时间前无法交易期权，所以先在盘前买入股票。

一旦期权市场开盘，也就是上午 9：30 之后，你在盘前下的市价单就会成交。我们在盘前市场进行的模拟交易将引导我们买入优胜股。

温馨提示：尽管我们说要在测试账户中下单买进 100 股，但如果你的证券公司限制你账户中的资金，请自行控制买入数量。测试交易策略的设计是灵活的，所以请根据你的交易风格调整买入数量。

根据我的研究，我发现买入 100 股对大多数股票来说是合

适的数量。当然，你也可以买入更多。在买入高价股（每股超过 1 000 美元）时，你也可以调低买入数量。开市后，你能在持仓页面更清楚地看到不同股票的投资结果。

通常情况下，你将购买总数不超过 20 或 30 只股票，各 100股。在盘前进行测试交易账户的买入通常需要不到 10 分钟，但你可以更严格地控制你的参数。例如，只买入上涨了 2 个点（或某个百分比水平）的股票。

温馨提示： 尽管本书针对的是期权交易者，但如果你恰好也交易股票，完全可以使用与本节所述的相同方法来买入优胜股。

重要事项： 在进行交易之前，请确保你在测试交易程序中。

交易单示例

下面是两个例子，说明在开市前测试交易账户中应该下哪些交易单。

例 1：在测试交易账户中买入 100 股苹果公司股票

从你的自选股列表（参考图 3-1）按照字母顺序从上往下

看，首先你会看到 A（安捷伦科技）的价格在盘前涨了 0.52 美元（或 0.53%）。因为它不符合 1 美元（或 1%）指引的要求，所以不要进行测试账户的交易。今天不要做这只股票。

下一个是 AAPL（苹果公司），它在盘前上涨了 15.64 美元（或 3.14%）。重头戏来了：市价买入 100 股苹果公司的股票。也就是说，你将使用市价单进行买入（通常你只会用限价单，但这是测试交易账户，所以没关系）。你想让这笔单子快速成交，进而更方便研究这只标的。

列表中的 ADBE（奥多比），它在盘前上涨了 4.78 美元（或 1.01%），那么用市价单买入 100 股奥多比的股票。

浏览一遍清单中的股票，买入任何涨超 1 个点（或 1%）的股票 100 股。由于主要的股指走高，会有不少符合指标的股票供你选择。（提示：如果你的测试交易程序限制了你买入的股票数量，请相应减少。）

由于这是一个测试性交易程序，我们正进行的是与实盘不同的交易，来帮助我们找到优胜的期权和股票标的。

例 2：在测试交易账户中买入 100 股波音公司的股票

在测试交易策略中，不要交易弱势股票，因此，在市场走低的交易日里，你可能发现只有几只股票涨超 1 个点（或 1%）。

榜单上下一个涨幅超过 1 个点的（或 1%）是波音公司，它在盘前涨了 2.42 点（或 1.44%）。由于波音公司理论上应该会高开，所以我们要在测试交易账户中买入 100 股波音股票。

温馨提示：不要把这些当作硬性规定，尽管它们确实是从测试到实践都可行的标准。随着你渐渐习得更多知识，你可以进行相应调整。

对你清单中的股票保持关注。每当你看到一只股票在盘前上涨超过 1 个点（或 1%）时，就在测试账户里买入 100 股。再次温馨提醒一下，不要实盘直接下单了。我们测试交易账户的交易是为了帮我们定位优胜股。请跟随我继续阅读，下文将对此进行解释。

某些交易日中，当盘前市场非常强势时，你的自选股清单上的股票应该会有很多涨超 1 个点（或 1%）的。如果有过多股票符合这个标准，让你无从下手，那就改变那一天的标准，只加入领涨的那些股票。比如你可以把百分比的标准从 1% 改为 2%。更严格的标准还有，你可以只选择同时上涨 1 个点和 1% 的股票。这将缩减进入你选定池子的股票数量。

在其他交易日里，根据盘前的表现来看，也许所有主要指数都会在开盘时暴跌。当你在你的选股清单里面挑选时，你可能会看到几乎每只股票在盘前都跌了 1 或 2 个点。

当这种情况发生时，就不要买入正在下跌的股票了。如果有任何股票在盘前上涨（涨了任意数字都可以），虽然可能只有寥寥几只，你都可以将这几只加入其中。请记住，如果整个市场正在下行，做多大多数个股可能会有风险。

在测试交易账户内加入其他股票

除了测试买入你自选股清单中符合标准的标的，你还可以寻找其他候选股票（如果你还有多余的时间）。比如，你可能想浏览列示出盘前涨超 1 个点的股票的财经网站。

也许这只股票有突发利好消息，或者有分析师做了买入推荐，或者该上市公司盈利超预期。不要过分纠结于为什么这只股票盘前上涨。最关键的是它要符合你选择买入测试账户的标准。

要找到在盘前走高 1 点（或 1%）的股票，你可以去市场观察（MarketWatch）、CNN 财经（CNN Money）、雅虎财经（Yahoo Finance）和市场风向标（Market Chameleon）等网站查看。这些网站都有内嵌链接，可以直接定位到盘前市场成交最活跃的股票。当然，还有其他网站显示同样的信息，以上只是我最常关注的 4 个网站。

你可以自行选择是否要买入这些不在计划内的"清单外股票"。通常情况下，它们总是"一日游"，经常在一天内上涨，然后又下跌。如果你没有多余的时间加入这些股票，请把精力集中在你最初的自选股清单上。

寻找优胜股的其他方法

在聊到如何具体实施测试交易策略之前，我们仍有其他方法可以找到潜在的优胜股。你可以看看自己倾向于以下两种方法中的哪种，或者都会考虑。

1. 使用技术分析法，在股票或指数突破移动平均线之后买入。这是寻找优胜股最广为使用的方法之一。移动平均线法简单、可行性高，我们在第十一章会有详细阐述。

2. 使用日内技术分析指标，如成交量加权平均价（VWAP）或纽约证券交易所跳动指数（NYSE Tick），这两个指数可以帮助你择时。这些指标超出了本书讲解的范围，但你可以通过其他资料来源（如互联网上）进行学习。此外，许多日内交易者依靠异同移动平均线（MACD）来辅助做出买卖决策。

对你选择买入的股票要挑剔

就算自选股清单中的某只股票涨超 1 个点（或 1%），也不意味着你一定要在测试交易账户中买入这只股票。在某些情况中，你连做模拟交易的时间都不要浪费。例如，如果你注意到标的股票在盘前飙升超过 8% 或 9%，就不要买入了。因为实际情况下，任何在开盘时飙升的股票都可能在开盘后不久就会下跌。这实在是要冒很大风险。

你的日常测试交易程序

如果使用测试交易策略，你的日常流程主要就是监控并筛选出你的自选股清单中符合 1 个点（或 1%）标准的股票，每只股票买入 100 股。在测试交易账户中反复进行测试交易的一个额外好处是，它将有助于提高你的交易技能。一定要确认好你用的是测试交易账户来做这些交易。

如果你没有测试交易账户

不是每个证券经纪公司都会提供模拟或测试交易账户。这很可惜，因为模拟交易账户是识别优胜股以及进行交易练习行之有效的方法之一。

即使你不能使用模拟交易账户，你仍然可以使用测试交易策略来择股。你的另一个选择是使用宏达理财公司（TD Ameritrade）think or swim® 平台上的 paper Money® 虚拟股票市场模拟软件。

还有一个选择是使用投资百科网站（Investopedia）的在线模拟网站，它有 15 分钟的报价延迟。如果它不能满足你的需求，那你可以自行跟踪优胜股。具体说明见下文。

下面的步骤供那些无法使用模拟交易账户的交易者参考。

1. 你已经建立了一个包含 80 至 90 只股票的自选股清单，那么现在，你应该在盘前详细查看你的清单，寻找潜在的优胜股。写下涨幅超过 1 个点（或 1%）的股票名称。这些是你的目标标的。

2. 创建第二个自选股清单，加入那些涨幅超过 1 个点的股票（或人工跟踪它们的信息）。这些是你在开市后要关注的股票。该清单中应包括 10 至 15 只股票。如果有过多股票在盘前上涨超过了 1 个点，可以适当考虑提高标准，来相应缩减这个清单。

3. 准备在美国东部时间上午 9：30 股市开盘时进行交易。

4. 查看你的第二份自选股清单，找出还在持续走高的股票。你可以通过观察价格行情图和股票报价表变动来识别这些股票。

5. 如果你了解如何使用移动平均线，寻找处于上升趋势并突破其移动平均线的股票。（移动平均线和其他技术指标在第十一章有解释。）你可以自行选择其他技术指标，来帮助你识别处于上升趋势并有所突破的强势股票。

6. 关注那些稳步走高的股票。大多数优胜股出现在开盘后的前几分钟内。忽略那些已经上攻乏力的股票。

7. 那些势头正猛且持续上行的股票（真正的优胜股）数量应该不多，可能只有几个，不会再多了。

8. 观察一下整体市场环境。如果指数处于上升趋势中，买入股票的赢面就会更大。

9. 如果在第一个小时一直找不到优胜股，你可以选择当日不交易个股。

10. 成功的关键是能够从众多可选标的中识别出最强势的股票。一旦你确定了这些优胜股标的（使用技术分析或在行情图上观察变动），我建议你可以先跟踪它们的走势，但先不做真正的交易。你可以在一段时间内重复练习这个过程，直到你能持续不断地锁定优胜股。如果你能在一段时间内持续锁定，那么你就可以往下进行了。

11. 在练习完毕优胜股识别，也就是发现了持续走高的股票后，你就可以考虑买入看涨期权用以继续观察。

12. 如果一张看涨期权如期获利，可以考虑买入第二张合约。第二张合约你可以自行决定是否加仓。如果你是交易新手，那就不要追涨了。保持关注，观察这个头寸是否在获利。如果的确在获利，那么你的下一个任务就是管理头寸（例如，如果可行的话，在当天收盘前卖出获利了结）。

如果你在盘前还有时间，可以将"清单外股票"添加到你的自选股清单中。加入的股票是在盘前上涨 1 个点或更多的股票。有一些网站会列出在盘前市场上最活跃的股票，这类网站包括市场观察（Market Watch）、CNN 财经（CNN Money）、雅虎财经（Yahoo Finance）和市场风向标（Market Chameleon）等。

关于测试交易策略的介绍到此结束。如果你仍然不明白它的机制，请不要担心，因为在第九章中，我会回答一些关于该策略的问题，应该可以打消你的疑虑。

下面，我们继续阅读，去学习如何识别优胜股，这才是成功交易期权的重中之重。

第四章

锁定真正的优胜股

在本章中，你将学会如何锁定优胜股，也就是整个早盘及之后交易时间都一路上涨的股票。此前，你已经在测试交易账户中添加了涨幅超过 1 个点（或 1%）的股票。刚开始的时候，每天都要加入十几个股票，一定很费心力。现在，你的努力即将得到回报。

首先，你需要利用测试交易账户的信息来择优选择，也就是说，要找到真正的优胜股，仅仅买入走高的股票并不够——许多毫无经验的交易员都会这么做。

许多新手交易员在盘前或开盘时会买入那些一路上行的股票。他们没有意识到，许多奇迹股在开盘后不久就开始势弱，然后转而下行。许多股票开盘十分强劲，但就像赛马一样，能进入决赛圈的实在是少之又少。

因此，追涨那些市场上的老牌股票（AOS）是一种广受欢迎的策略，尽管需要承担一定的风险。追逐一路强势的股票并无不妥，这也正是趋势交易者的做法，但追逐任何快速飙升的股票还是太冒险了。

第一步是选择正确的标的股票。择股是你作为一个交易员成功的关键，但这仅仅只是开始。如果你想知道如何才能找到那些可以获利的股票，请保持耐心，我们马上就会讲到。

忘记本可以和本应该

使用测试交易策略最难的部分之一是，你可以看到如果投入实盘交易后你"本可以"有怎样的收益。话是不错，但你也可能会看到亏钱的结果。不要为那些错过的赚钱机会而沮丧，把精力放在知识的学习上，这比你目前能赚多少钱更重要。

那么现在，我们来到了有趣的环节：如何锁定优胜股。

一步步来：锁定优胜股

你已经设立了一个测试交易账户。在开市前至少 30 分钟，你浏览了你的自选股清单，并下单买入 100 股（或更多）上涨超过 1 个点（或 1%）的股票。

开市钟声响起

美国东部时间上午 9：30，开盘铃声响起后，查看你刚刚买入的十几只股票的股价变动。目前，你只是在查看，而不是在买入，缺乏交易计划的业余交易员往往会想要买进涨幅靠前的股票，而你现在应保持耐心。

请牢记于心，股票只在开盘时冲高是不够的。真正的优胜股不仅在一开始就走势很强，而且还要满足一整个早盘，或者一整个交易日都保持强势。

同时，在准备进行真正的实盘交易前，你还有不少需要学习的。

温馨提示：市场开盘铃声和期权市场正式开盘交易之间往往会有一个时滞，在交易屏幕中看到买卖报价之前，千万不要开始交易。时滞可能会很短，有时候也不一定。

股票市场开盘几分钟后，测试交易页面就会开始更新。图 4-1 是美国东部时间上午 9:30 开市后不久股票单成交后的仓位页面截图。

股票组合							交易股票 代码查找 方法指南	
股票代码	股票名称	数量	买入价格	当前价	持仓市值	当日市值变动	总市值变动	
Sell AMD	ADVANCED MICRO DEVICES, INC.	500	$83.34	$83.34	$41,670.00	$0.00 (0.00%)	$0.00 (0.00%)	
Sell SQ	SQUARE,INC,CLASS A	500	$156.08	$156.08	$78,040.00	$0.00 (0.00%)	$0.00 (0.00%)	
Sell AAPL	APPLE INC	500	$477.06	$480.48	$240,230.00	$1,705.00 (0.71%) ♦	$1,705.00 (0.71%) ♦	
Sell BABA	ALIBABA GROUP HOLDING LTD,SPONSORED ADR	500	$259.03	$258.48	$129,240.00	−$275.00 (−0.21%) ♦	−$275.00 (−0.21%) ♦	
Sell DE	DEERE & COMPANY	500	$196.78	$188.56	$98,777.50	$1,397.00 (1.42%) ♦	$1,397.00 (1.42%) ♦	
Sell SPLK	SPLUNK INC	500	$202.50	$202.66	$101,330.00	$80.00 (0.08%) ♦	$80.00 (0.08%) ♦	
Sell TSLA	TESLA INC	500	$2,044.78	$2,079.48	$207,948.00	$3,472.00 (1.70%) ♦	$3,472.00 (1.70%) ♦	
Sell KEYS	KEYSIGHT TECHNOLOGIES INC	500	$105.62	$101.82	$50,810.00	−$2,000.00 (−3.79%) ♦	−$2,000.00 (−3.79%) ♦	
				Total	$949,046.50	$4,379.50 (0.46%) ♦	$4,379.50 (0.46%) ♦	

图 4-1 开盘后持仓页面

上述所有股票在开盘前都上涨了 1 点多（或 1%）。尽管道琼斯指数和标普 500 指数在开盘 5 分钟后仍然平盘，但苹果公司、特斯拉和迪尔一开始就实现了赢利，这时候，你需要密切跟踪走势。很可能这三只股票中至少有一只会成为最后真正的优胜股。

温馨提示：忽略跌幅靠前的股票，只关注潜在的优胜股。

---

1. 追踪道琼斯工业平均指数（或标普 500 指数）的走势

开盘后，看一眼主要市场指数情况，如道琼斯工业平均指数或标普 500 指数。记下并跟踪这些指数的涨跌幅。

比如，你可以在一张纸上写下道琼斯工业平均指数的表现，如 +120，然后 +126，+127，+115，+130 等。写下这些数字对你今后做交易决策有很重要的参考作用，可以让你更了解道琼斯工业平均指数的走势。你可以根据股市的动向，利用这些信息来制订交易计划。

温馨提示：我创建了"交易笔记"，以便自己开盘后研究。一个笔记是记录高开的，一个是低开的，一个是平盘的。我会详细记下自己在交易时间里要做的每一步。

---

2. 锁定优胜股

当你的模拟交易订单成交后，你有一项很重要的任务：在测试交易账户中寻找优胜股。这是获利的重中之重。那么，你要如何知道哪些股票会是优胜股呢？我们接着往下看。

测试交易账户中任何涨超开盘价的股票你都应该关注。当然，你应该建立起你自己的价格和利润目标，但对我来说，买入的 100 股中产生 200 至 300 美元的账面利润，我就会密切关注。

开盘时已经上涨 200 至 300 美元甚至更多的股票（正如你在交易页面中看到的）可能是当天的更大赢家。后面你很快将会了解，在期权（或股票）交易中，并不总是要低价买入才能赚钱。你可以做趋势交易。

当然，不是每只开盘后走高的股票都能获利。这就是为什么你要剔除那些上下波动的股票。尽管开盘后你追踪的许多股票仍会不断上行，但不是所有的股票都会。事实上，大多数都不会保持这个势头了。

重要事项：一旦你确定了那些强势的股票，而且预期获利也会增加，就把它们的名字写在"目标清单"上。这些股票是潜在的优胜股。

终会笑到最后的股票将在开盘后不久浮出水面。如果你无法在第一个小时内找到一个可能获利的候选标的，在当天剩下的时间里，你就可以选择停止交易个股了。其他人可能持不同意见，但总的来说，测试交易策略在第一个小时左右最能见效，在这之后，你可能要用其他策略了。

你可以使用包括技术分析等其他方法来择股。这些方法会在第十一章讨论。策略的使用是个人选择，并不是硬性规则。

大多数时候，整体市场强弱会影响股票走向。然而，总有一些股票无论市场表现如何都会上涨。在第六章中，你将学习如何评判整个市场环境，助你做出交易决策。

你的目标是将可能成为最终赢家的择股数量减小到不超过一两只，这些才是你最后实盘交易时真正想要买进的那些。

3. 在测试交易账户中买入 5 张胜率较大的标的股票期权

通过观察模拟交易账户头寸，你可以看到，并非所有的标的都会获利。在开盘时就买入股票（或期权）的交易者会承担额外的风险，但这正是大多数交易者的做法。他们会追涨，不过你不会犯这种错误。你将会认真筛选。你的任务是找到真正的优胜股，而不是瞬间创造奇迹。

有时，市场里只有寥寥几只股票成为优胜股，其他日子里，可能有多达六七个。在这种时候，你只需要关注最有潜力的那些。要保持对手中头寸的实时监控，因为获利和亏损都会发生在一瞬间。

要做的事：在测试账户中，对显示浮盈至少 200 美元的股票相应买入 5 张价内看涨期权（可自行调整金额）。这就是一次成本为 5 张期权的探索。你正在显示出早期优胜股特征的这些股票（和期权）标的里面筛选，看看哪些还在继续走高。

你可能好奇为什么第一个模拟交易买入是价内看涨期权。当

你做了买入并且需要在持仓中观察你的头寸，你就会明白了。在实盘交易时，我们通常会选择买入平价看涨期权。

温馨提示：没有硬性规定让你首次交易必须买 5 张价内看涨期权。你也可以买入 10 张。这两种我都实践过。我发现在强势的交易日里，买入 5 张看涨期权效果非常好。不过你做的测试越多，就越能尝试出有效可行的方法。

---

4. 接下来，在测试交易账户中再买入 5 张胜率较大标的股票的看涨期权

如果 5 张价内看涨期权产生了浮盈，你可以再追加买入 5 张平价看涨期权，测试一下看看。这里要说明一下，你已经做了两次探索，首先是 5 张看涨期权（价内），然后是多加 5 张看涨期权（平价），这个做法是为了进而识别出那些赢面较大的股票。

如果你已经选中的正是一个优胜股标的，那么这 5 张看涨期权的投资将获利（可能可以赚 100 或 200 美元或者更多）。最重要的事情是，如果第二批的期权投资成功，上升趋势也在 1 分钟 K 线图中得到了验证（在第六章中解释），你就可以着手在实盘中买入该标的了。

有些人可能会抱怨说他们错过了反弹，有时情况确实如此，但并不总是这样。我们感兴趣的是那些持续上行的股票——有时它们会连涨一周。我说的是苹果公司、亚马逊和网飞这样的股票

（这样的股票还有很多，而且每年都在变化）。这些是我们想通过看涨期权拥有的标的，而且不仅仅是价格高昂的股票。许多低价股也是开盘强劲，而且全天或一周都在高走。

再强调一下，刚开始你要买入5张价内看涨期权，接着是5张平价看涨期权。如果在测试交易账户中两批期权都能获利，就准备在实盘的证券账户中买入优胜股的看涨期权吧。

不是每个人都喜欢这种趋势跟踪策略，因为你不是在低价时候就买入，而是在已经呈现出上升趋势的时候买入。在如期走高的市场中，你可以成功找到处于上行趋势中的股票并从中获利。

在你买入这5张看涨期权的时候，并没有一个严格的价位规定。我个人的考虑是，如果股票头寸显示浮盈超过200至300美元，我就会随即买入5张看涨期权。如果手中有多个待观察的股票头寸，那我可能会提高标准，买入领涨股票的5张看涨期权，也许是400至500美元（或根据你自己的考虑选择金额）。

有时，交易者手中的选择太多，以至于很难敲定买哪只股票。不要纠结于那些已经错过的机会，而是专注于那些最后可能获利的标的。

温馨提示：在积累了一定经验后，你可以跳过第二批期权买入，直接进入实盘买入环节。

观察事项：当你在测试交易账户中再买入5张赢面大的标的的看涨期权后，你需要观察这些头寸的变动。最终

的优胜股将从这个列表中诞生。

其他可能获利的标的会随时出现，所以你也可以自行买入 5 张它们的看涨期权（或者对于高价股来说则买入更少数量的看涨期权）。我倾向于说，不是你找到了优胜股，而是它们找到了你。要注意那些不断上涨的期权，它们的获利金额也在不断增长。这就是标的股票正在上行的线索（你也可以通过查看行情图来确认）。

温馨提示： 在买入第二批 5 张后续看涨期权后，如果获利金额一直在增加，就考虑在实盘交易中买入期权。换句话说，如果 5 张看涨期权呈现出了可观的利润，而且预期利润仍然会增加，那么这只股票可能是一只优胜股。

在某些交易日，甚至某些交易周中，市场乏善可陈，股票萎靡不振。当没有符合标准的标的出现时，就不要强行交易。你不可能每天都用这些方法赚钱。只有在成功概率高以及其他条件都有利的时候，才进行交易。

如果你是一个新手，不要一次性持有过多头寸（别忘了山姆的遭遇）。相反，要点对点、像是激光锁定一般，只关注一两个头寸。忽略测试交易账户中所有其他头寸，专注去管理获利概率较大的那些。

图 4-2 显示了在你买入 5 张看涨期权后测试交易账户的情况。

在图 4-2 的交易页面中，尽管苹果、特斯拉和迪尔继续走

股票组合

	股票代码	股票名称	数量	买入价格	当前价	持仓市值	当日市值变动	交易股票 代码查找 方法指南	总市值变动
Sell	AMD	ADVANCED MICRO DEVICES, INC.	500	$83.34	$83.85	$41,925.00	$255.00（0.61%）▲		$255.00（0.61%）▲
Sell	SQ	SQUARE,INC.CLASS A	500	$156.08	$154.96	$77,477.50	-$562.50（-0.72%）▼		-$562.50（-0.72%）▼
Sell	AAPL	APPLE INC	500	$477.06	$498.70	$249,350.00	$10,826.00（4.54%）▲		$10,826.00（4.54%）▲
Sell	BABA	ALIBABA GROUP HOLDING LTD,SPONSORED ADR	500	$259.03	$266.41	$133,206.00	$3,690.00（2.85%）▲		$3,690.00（2.85%）▲
Sell	DE	DEERE & COMPANY	500	$196.78	$201.23	$100,612.50	$2,232.50（2.27%）▲		$2,232.50（2.27%）▲
Sell	SPLK	SPLUNK INC	500	$202.50	$202.22	$101,107.50	-$142.50（-0.14%）▼		-$142.50（-0.14%）▼
Sell	TSLA	TESLA INC	500	$2,044.78	$2,088.03	$208,803.00	$4,327.00（2.12%）▲		$4,327.00（2.12%）▲
Sell	KEYS	KEYSIGHT TECHNOLOGIES INC	500	$105.62	$96.09	$48,045.00	-$4,786.00（-9.02%）▼		-$4,786.00（-9.02%）▼
					Total	$960,525.50	$15,850.50（1.86%）▲		$15,850.50（1.86%）▲

股票组合

	期权代码	期权名称	数量	买入价格	当前价	持仓市值	交易股票 代码查找 方法指南	总市值变动
Sell	AAPL20181480	2020/09/18 2 on APPLE INC.at $480.00	10	$21.90	$34.25	$34,250.00		$12,360.00（58.39%）▲
Sell	AAPL20181485	2020/09/18 2 on APPLE INC.at $485.00	5	$23.10	$31.35	$15,675.00		$4,125.00（35.71）▲
Sell	SPY20181339	2020/09/18 2 on SPDR S&P 500 ETF TRUST at $338.00	10	$5.99	$6.45	$6,450.00		$480.00（7.88）▲
					Total	$56,375.00		$16,936.00（42.94）▲

图 4-2 买入 5 张看涨期权后测试交易账户

高，但苹果才是真正的优胜股。一旦正式确定自己的选择后（因为测试账户中显示买入苹果股票正在获利），我们要买入 10 张看涨期权留待观察，紧随其后再买入 5 张苹果看涨期权作为第二次观察，两次买入都是在测试交易账户中。

由于我们的实验成功，我们在实盘交易中买入苹果期权，并于当日产生了可观的利润。在该公司宣布一拆四的拆股计划后，苹果的股价又持续上涨了几天。

温馨提示：我最初买入 10 张看涨期权只是为了更好地说明问题。通常情况下，我最开始只会买入 5 张看涨期权。

测试交易策略实例

举个例子：假设你在盘前下了一笔买单，买入 100 股 XYZ 的股票，限价 79 美元。开盘后，当你的买单成交后，XYZ 继续上涨到每股 82.25 美元，产生了 3.25 个点位的收益。它持续不断地上攻。你再次查看这 100 股，发现测试交易账户目前有 325 美元的收益。

你可以使用加仓赢面较大的股票策略，在测试交易账户中买入 5 张行权价为 75 美元的 XYZ 价内看涨期权。持续监控持仓市值变化。

如果 XYZ 持续走高，5 张 XYZ 价内看涨期权将呈现浮盈。在这个例子中，你将进而再买入 5 张 XYZ 价内看涨期权，行权价为

80 美元。综上所述，我们先从买入 5 张看涨期权开始，然后再买入 5 张看涨期权进一步观察。这是另一种识别趋势上行股票的方法。

在某些交易日里，特别是市场强势的日子，你可能会买入 5 到 8 只股票的各 5 张看涨期权。在进行模拟账户购买后，你的工作将是观察那些潜在的优胜股，看哪些会继续保持强势。

有趣的部分来了：在这批前期保持观察的标的中，总有几只股票会比其他股票涨得更好，因此，对那些更为强劲的股票要保持关注。

为了寻找有苗头成为优胜股的标的，继续观察整个测试账户中的这些股票。一些股票最终会上攻乏力，股价下跌，最终被踢出清单。（温馨提示：专注于优胜股，而不是那些弱势的股票。）

要最终锁定真正的优胜股并不容易，尤其当你手中选项很多的时候。通常情况下，真正的优胜标的很快就会显露端倪。也可能有不止一个期权头寸产生了可观的收益，所以你要决定是否只买那个获利最多的标的，还是买入不止一个。

温馨提示：每天记录下潜在的优胜股以及它们的股价表现，包括股票代码和开盘价，还有高开幅度。所有能帮助你发现和识别优胜股的细节，都要列在笔记上。

根据历史经验来看，苹果、亚马逊、脸书（Facebook）等股票，以及其他许多股价更低的股票，都会不断地出现在这一策略筛选出的优胜股名单上。当识别出这些标的后，你就可以使用各类交易策

略来获利了，包括每日交易、每周交易，甚至是买入持有。

你可以自行调整上述步骤，因为它们不是固定不变的。这些步骤是基于我的研究得出的结论，但你可以跳过或加入任何你认为对你有帮助的步骤，例如改变股票或合约数量。我的目的是让你学会如何使用测试交易账户来寻找可以获利的优胜股。

有的交易员不喜欢这种获利跟踪策略，因为它可能涉及高位买入和更高位卖出（我们将在后文聊到卖出）。此外，他们可能不想比其他交易员更晚进场。

但很遗憾，几乎没有交易员可以一直做到在低点附近买入并在高点附近卖出，这也就是为什么我们要使用趋势交易策略。然而，如果你是个择时的高手，那么你就是少数能够做到的人之一。趋势交易给交易员的压力更小，且更易掌握。

总结

下面，我总结出了使用测试交易策略的简单步骤，尽管它可能看起来比实际情况更复杂。在开市前，你要做以下工作。记住，这些都是模拟交易：

1. 下一笔买单，买入 100 股（或更少）在盘前上涨了 1 个点（或 1%）的股票；

2. 买入 5 张正在上涨且可以获利的股票的看涨期权；

3. 继续加仓 5 张那些持续走高且浮盈不断增加的股票的看涨期权。

就是这么简单。我们正在做技术分析师做的事情，但我们关注的是不同的数据。如果你真的尝试了这个策略，你会发现它真的很容易掌握。

在下一章中，你将利用汇总的所有信息，买入那些已经进入决赛圈的股票的看涨期权。

可选步骤：购买 SPY 和 QQQ 的 5 张看涨期权

已经了解测试交易策略并认同其运作机制的读者，也可以在开市后随即在测试交易账户中购买 5 张 SPY 和 QQQ 的价内看涨期权。

这不是必需步骤，但就个人经验而言，我觉得通过观察测试交易账户中的这 5 张看涨合约将会受益良多。

这 5 张看涨合约可以提供市场走向的线索，有时还可以提醒交易员市场即将反转。例如，如果整个市场看起来处于升势，但 SPY 和 QQQ 并没有跟随，而是逆势反转，这就是市场涨势可能结束的警示。情况不一定总是这样，但确实大概率如此。

当然，你可以通过查看市场报价或研究行情图获取同样的信息，但查看你测试账户的盈利和亏损，也是一种判断市场走向的方法。

●●●●●●●●●

你已经锁定了优胜股，并进行了一些模拟交易，现在是时候利用手中所有的信息，在真实的实盘账户中买入期权了。我们即将进入这部分的学习。

第五章

买入胜率大的股票的期权

在本章中，你将学习如何对你识别出的优胜股进行实盘交易。然而，尽管你会摩拳擦掌想要尝试，但在你读完并理解第二部分的全部内容之前，不要投入真金白银。

你将会看到，在某些交易日中，很容易就锁定优胜股，特别是当市场处于强劲的升势时。在其他交易日里就没那么容易了。当市场乏善可陈之时，要么干脆不交易，要么另寻他法。

在交易时间的前半小时，观察一下期权仓位页面，尝试找出最有潜力的优胜股。这不是一门可以精确测量的科学。如前所述，许多股票会在开始时表现强劲，却后续乏力。

如果你是交易新手，在真正实盘买入之前可能需要更多时间，不要有压力。要确保自己学会了这个策略（或其他策略），并且在买入期权时比较相信自己的选择。尽可能保持长期管理自己的模拟交易头寸。

那么现在，如果你准备好了，我们就来看看如何实盘买入这些优胜标的。

是时候使用正式的证券账户进行交易了

此时，我们已经准备好进行一次真实的交易了。如果你是首次使用这个策略的初学者，我劝你只买入 1 份看涨期权。随着经验的积累，可以慢慢增加你的头寸规模（2 到 5 张看涨期权，取决于每份合约的价格）。保持较小规模的交易意味着买入更少数量的合约，但也意味着风险敞口更小。

虽然你选择的股票获利概率较大，尤其是整个市场如期上行的时候，但还是要做好意外状况发生的心理准备。可能会出现利空新闻，不占优势的成交价格，或者纯粹就是运气不佳。在你拥有通过这一策略获利的信心之前，开始时每次只买入 1 张看涨期权。

可选选项：在正式买入前再做一次测试交易

如果你仍然不确定，并且你还是一个新手的话，你可以最后做一次测试交易，买入一个与你计划实盘买入相同的看涨期权。可能你觉得这样做过于谨慎了，而且你可能会错过股价飙升的机会，但是任何能够降低风险并强化你学习成果的事情，对你都是十分有裨益的。

5 分钟规则

无论你是否做了最后的测试交易，现在，是时候使用实盘证券交易账户买入至少 1 只胜率较大的股票看涨期权了。然而，在开始交易之前，请使用"5 分钟规则"。

这个规则提醒你在进行实盘交易前最后做一次检查。通常情况下，当交易员准备按下回车键时，都会被情绪冲昏头脑，可能会进行错误的择时。为了避免失误，请你花 5 分钟时间通读完以下检查清单：

1. **研究期权链**。实盘交易所需的所有信息都在期权链中，包括到期日、执行价格、买入和卖出价格。在正式买入之前，要确定期权链中所有的信息都是正确的，包括你要买入的合约数量。许多交易员急于买入，以至于输入的信息都是错误的。（不要犯初学者常见的错误，即可能你只想买 1 份合约，却输成了 100 份！）

2. **检查买卖价差**。要确保买卖价差不要太大，如果价差过大，那就交易别的股票。期权的买卖价差过大，就很难获利。任何人都不应该参与买入卖出价差过大的期权。

3. **采用限价单**。一定要使用限价单，而不是市价单。

温馨提示：限价单的限价可以选在买卖盘中间价，或者如果你想快速成交，就选择卖盘的价格（较高的价格）作为限价买入。你应该争取一个更好的价格，而不是急于成交，这些将对你交易生涯的成功产生至关重要的影响。

---

4. **查看行情图**。在进行实盘交易前，在行情图中查看股票或者指数走势很重要。在第六章中，你将学习如何识别整个市场和个股的运行模式。如果你正在使用技术分析，在学习过移动平均线等技术指标之前，不要贸然进行交易，因为它们是判断进入和退出市场时点很好用的指标。

5. **不要急于买入**。即使你错过了一次进场的机会，明天也会有另一个标的供你选择。然而，如果一切都如期进行，而且股价正在稳步走高（而不是飙升），就准备好实盘买入。

6. **追踪跑赢的标的**。追踪跑赢的股票或指数并进行记录，对你后续的交易十分关键。这样，你才会知道你是否买到了真正的优胜股，且十分有可能获利。

在实盘交易账户中买入 1 张看涨期权

如果你有信心在测试交易中找到优胜股，那么是时候开始实盘交易了。买入 1 张价内看涨期权，要用限价单，到期日设置在至少一个月后（熟练的交易员可以买入数量更多的合约）。

在你的实盘交易成交后，接下来才是最辛苦的部分。如果标的股票继续走高（预期内），应该会产生收益；然而，如果标的股票向反方向波动，就会产生损失。

这时候就要用上风险管理技巧了，包括"时间止损/止盈"和"价格止损"。我们将在本章稍后讨论这些方法。

当你买入 1 张看涨期权后

在你实盘期权买入成交后，并不意味着可以两手一摊随它去了。在找到处于升势的赢面较大的标的股票后买入它的看涨期权是很容易的事情，困难的是知道何时获利了结，或者在标的股票表现不如预期，在该头寸开始亏钱之时卖出。

一次只关注一个头寸

期权交易员（以及股票交易员）犯的最大错误之一是同时持有太多头寸。许多人不是专注于在一个头寸中获利，而是试图同时处理多个。这会使你着急忙慌地做出决策，慌乱之中就亏了钱（希望你能从山姆那里吸取一点经验教训）。

不过，你当然可以加入第二个期权头寸，但就目前而言，一次只专注于一个头寸，承担的风险会更小。不要过分纠结于那些错过的机会。

关注让你获利的期权头寸

在你拥有至少一份看涨期权后，现阶段的头等大事就是监控它们的走势。有一些人会建议你不要看盈利和损失。恕我不能苟同。你可以看任何你想查阅的信息，但不要不关注你获利或者亏损的金额。你需要确定自己买入的期权是否已经升值。

如果你选择了一个处于较优价格的标的股票，而且如果整个市场在走高，那么你的盈利应该会增加。尽管如此，一个突发新闻可能会在短期内让你的利润一落千丈。同时，如果市场未能如期而行，也不要惊慌或反应过度。只持有 1 张看涨期权，损失应该是可控的。

现在不是去吃午饭或打电话的时候。许多人应该都有因为分心而亏钱的经历，你不要犯这样的错误。在你买入后，要保持对这个头寸的关注，直到卖出。

何时卖出

有两种方法可以管理获利（或亏损）的期权头寸。

时间止损 / 止盈

时间止损 / 止盈是一种行之有效，却未被充分利用的止损或者锁定收益的方法。它指的是在买入期权后，设定一个卖出的时间，以获得收益或降低损失。例如，在买入一个看涨期权后，如果半小时后产生了损失，你就可以考虑卖出。这是一个只有你自己才能做出的决策。最重要的是，要有一个完备的退出计划。

请牢记，交易期权与交易股票是截然不同的。对于股票来说，你完全可以持有很长时间。然而，在买入期权时，你并没有如此待遇。你必须做出正确的判断，且动作要快，否则 100 美元的损失在日终时可能会变成 500 美元的损失。

另外，如果持有获利的期权头寸，你可以给自己一个更长的时间。有了这个止损或者止盈的时间，你可以在一天结束前就卖出，或许偶尔也可以持有过夜。最重要的一点是，当按下买入回车键时，你已经决定好了何时卖出。

价格止损

价格止损是达到一个特定的限价时卖出你手中期权的指令。大多数人设置了百分比限制或价格限制。你也可以设定一个能承受损失上限的具体金额。当达到该损失金额时，止损条件被触发，就要卖出期权。在上面的举例中，如果你买入 1 张看涨期权，可以设置 100 美元或 200 美元的损失限额，当达到该损失水平时卖出期权。

一旦你买入了期权，并且损失已经达到了你的限额，那么就会发生以下两种情况之一：如果你下了一笔止损单，那么卖出就会自动触发；如果你只是心中有个止损价位，那么你就要保持关注这个期权的走势并在适当的时候卖出。（注：在交易期权时，我更倾向于只设置心理止损价位。）

我必须再次强调，在你进行买入后就设置止损非常重要。不过更为重要的是，你必须遵守止损条件的规定。譬如，假设你买了一份 QQQ 看涨合约。在点击确定买入后，你确定这笔交易你最多可以接受 100 美元的损失。

如果市场未能如期而行，你产生了亏损，你在这笔交易中损失了 100 美元或者更多，那么就必须卖出看涨合约。现在不是寄希望于在下午或第二天就能把钱赚回来的时候。卖出该头寸，接受损失，并从第二天重新开始。现在也不是试图通过另一笔交易赚回损失的时候。

　　大多数交易员产生大额亏损的主要原因是他们没有遵循上述指导。通常情况下，他们会因为不遵守价格止损规定（或时间止损规定）而让小额损失变成大额损失。

　　请谨记于心，如果你下的是自动止损单，那么你就不必担心是否要割肉，不需要交易员后续的操作，止损单就会自动执行。

使用测试交易策略的风险

　　我希望你不要以为你已经学到了一个"稳赚不赔"的策略，也不要以为这个策略毫无风险。正如金融市场上的任何其他策略一样，投资者总归会承担风险，尤其是在交易期权时。在测试交易策略中，尽管你的损失不会超过你投资的本金（因为不牵扯到保证金交易），但你也可能会血本无归。

　　以下是与测试交易策略相关的三个主要风险：

　　1. 你买入了一只一路上行的优胜股，但它突然势头扭转，跳水下跌。如果发生这种情况，你将产生亏损。（任何交易策略都是如此。）

　　2. 你在错误的时点或以毫无优势的价格买入优胜股，这也将立即产生亏损。（其他任何策略也是如此。）

　　3. 你选择了错误的标的。（其他任何策略也是如此。）

　　为了避免在错误的时点买入错误的标的，你需要进行交易练习。在做了几十笔交易后，你的交易技巧就会有所提高。千万不要以为你可以不加练习就能轻而易举地进入期权市场，并期望用这个策略或其他策略来获利。

听起来可能很残酷，但这正是事实真相。我参加过好多期权研讨会，主办方收取高昂的费用，并试图说服学生，在经过短短几天培训后，"任何人"都可以在期权交易中赚钱。这不是真的！

尽管测试交易策略在大多数时间里都是有效的，但要选择正确的标的并及时卖出获利，仍然需要实践和技巧。正如老话所说，"实践出真知"。这也需要充足的耐心。等到你清楚地识别了优胜股之后再买入，这一点至关重要。我很理解当你还没有持有头寸时，看着股价一路攀升，很是让人心痒难耐。但同时我也要再次提醒，在上升趋势确立之前急于买入是不对的。

不是每天都有赚钱的机会

重要的是你要记住，交易期权市场也会有毫无水花的时候。在某些交易日里，是不可能找到贴合你选股标准的股票的。在其他交易日里，股票平盘交易，波动性很小。当这种情况发生时，你要选择暂时先不交易，或者改变策略。

不要认为每天必须有交易。有些情况下任何策略都不奏效，没有潜在的优胜股出现，市场波澜不惊，无聊至极。正如杰西·利弗莫尔（Jesse Livermore）所说，"连臭鼬都发不出气味。"

日终评估

到现在，你应该已经掌握了测试交易策略的运作机制，而且你已经提前建立了测试交易账户，在市场环境有利的交易日里跟踪了领涨的标的，也许已经做了一些实盘交易。

在交易日日终后，许多交易员就会停止对市场的思考。这是一个常见的错误。实际上，一天中很重要的一件事情就是回顾当天的市场情况。这只需要几分钟时间。

这时，你要评估你的盈利或者损失，并做简要记录。将市场当天发生的事情记录下来，供未来参考。你可以做一个"损益评估表"，以便于跟踪市场表现。

你可能还想跟踪记录在美联储会议、节假日或上市公司公布财报的日子里市场的反应。通过每日记录，你可以了解很多东西，还能注意到市场何时出现了非理性的行为。

此外，虽然我们都只想记住赚钱的好日子，但最好直面残酷的现实，尤其是在亏损的时候。你最好尽早接受财务上大出血的情况，而不是迟迟不肯面对。你也要花时间反思自己所犯的错误，并采取措施避免重蹈覆辙。犯错误不可避免，但重复犯这些错误则会导致损失惨重。

温馨提示：如果你对测试交易策略仍有疑问，请移步第九章，我在那里提供了更多的答案。

●●●●●●●●

在下一章中，我将介绍一种快捷简便的方法来评估整个市场环境。当然，你可以用技术指标来做到这一点，但我们可以通过运用一种新的方法——股票市场运行模式分析，来掌握一种新的解读市场的方式。这将为你提供一些线索，来判断此时是适合进入市场，还是过于冒险。

第六章

股票市场运行模式分析

许多交易员和投资者从未完全理解股市是如何运作的。对于新手来说，股票市场似乎是合乎逻辑的、直截了当的、公平的。毕竟所有人都这么告诉你，大多数金融机构也会这么引导你。

股票市场比许多人以为的要复杂得多。某些交易日中，市场朝着不可预测和出乎意料的方向发展；而在其他交易日里，它又呈现随机游走的状态。股票和指数价位的变化往往是由计算机程序（算法，或称algos）推动的。另外的推手则是突发新闻，或是美联储的发言和行为。

你可以把市场想象成一个复杂的谜题，它每天瞬息万变，而你就像试图破解三阶魔方一样。为了搞懂这个纷繁杂乱的市场，你必须学会正确理解整个市场环境。如果你能完成这项任务，相对于其他那些已经进入市场却对所发生的事情毫无头绪的交易员而言，你将拥有巨大优势。

很多交易员不知道如何解读市场，他们往往意识不到什么时候市场风险过大应该回避，又或者什么时候是拥有持仓的良好时机。在本章中，你将学习如何进行市场评估。这是你在市场上获利所需要的一项基本技能。

如何解读和分析市场环境

正如你所了解的那样，有三种分析股市的主要方法，最广为人知的是基本面分析，该分析需要投资者研究公司的资产负债表，分析收益和其他基本信息，以找到具有巨大增长潜力的公司。长期买入并持有股票的投资者使用这种方法居多。

分析股票市场的第二种方法是技术面分析。这是短线交易者的首选方法——有些期货交易员通过研究行情线图形态和技术指标以及震荡指标，来确定正在走高或下跌的标的股票。他们通过使用支撑位和阻力位分析，试图识别趋势，判断股票何时见顶或见底。

第三种方法是情绪面分析。这种方法包括研究投资者行为，以确定市场何时超买或超卖。这是一种反向指标，这意味着当投资者极度看好股市时，情绪面分析师会认为此时应当卖出；而如果投资者极度看衰股市，那么就是买入的时候了。

每种方法各有优劣，但是很遗憾，对于股票和期权交易商来说，技术分析并不容易使用和理解，而且它经常给出错误的信号，使交易员蒙受损失。虽然有一些技术分析师是解读分析指标和震荡指标的专家，但许多散户在使用技术分析时在判断何时买入或卖出期权或股票头寸方面却十分困难。

股票市场运行模式分析

经过多年的实践和测试各种交易策略和方法，我发明了一种快捷简单的市场分析法，我称其为"股票市场运行模式分析"。如果你从未听说过这个方法，那是因为这是它首次公布于众。

如果你对新的方法思路保持开放态度，并愿意学习一些独特的方法论，那就接着看下去，你一定不会失望。无论你用哪种方法来分析市场，你应该发现股市运行模式分析法会加强你对于正在使用的方法的理解和掌握。

不要误会我的意思，我没有说股市运行模式分析比技术分析等其他传统方法更好，只是在说它们不尽相同。随着你对这个方法的理解加深，你会发现它并不会取代你已经在使用的方法。

换句话说，如果你使用技术分析来买入和卖出期权并已经取得了一定收益，那你应该按照自己的方式继续下去。但如果你愿意提升你的交易经验并用不同于以往的方式观察这个市场，你可以试着学习这个新的方法。

行为分析法的是与不是

股票市场运行模式分析不是技术分析。它是一种通过几种市场模式来快速分析市场的方法——那些模式的名称都是我自己编的，因此它不会与技术分析相混淆。

这种方法旨在简要概括当前市场状况，给你一个初步印象。如果你有多余时间，还是建议你学习技术分析，它会教你识别行动的信号，即何时买入和卖出。股市运行模式分析只给你一个市场情况的概述，而没有行动信号。

温馨提示：如果你想要读懂行动信号，来帮助你做出买入卖出决策，那么请使用传统的技术分析。如果你不熟悉这种方法，市面上有很多相关书籍。简言之就是，如果你在寻找技术信号，希望你努力多加学习。

了解市场环境的重要性

在进行期权交易之前，你应该采取的第一个步骤是评估市场环境。这类似于飞行员在驾驶飞机起飞前应该先检查天气状况，这可以减少出现飞行事故的概率。

然而，在股市的每个交易日中，交易员们很少会在买入前查看整体市场状况。他们可能都没有查看过期货市场情况，也并不知道整个市场环境对他们投入的资金来说是安全还是危险的。也就是说，他们要在对周遭环境一无所知的情况下盲目飞行。请相信我，每个交易日的情况都不尽相同，要每天查看。

因此，在做正式交易之前，为了避免亏损，最好是评估一下当前的市场环境。在某些交易日中，你会遇到不尽满意的情况，这时候可能需要限制或完全避免交易。另外的时间里，市场状况晴空万里，你可以不费吹灰之力就能赚到钱。

要点：正确解读市场，尤其是在交易日的前 15 到 30 分

钟，这是交易成功的关键之一。一旦正确判断了市场状况，就可以构造出适合实际情况的策略。

股票市场的运行模式

股票市场表现出几种特定的运行模式，且每天都在重复。关键是要识别哪些运行模式能够帮助你做出是否买入卖出或当天停止交易的决策。

一旦你开始学习识别这些模式，它将为你开辟一个观察市场的全新视角。通过不断实践，每天你都会很轻易地就能识别出它们。而且很幸运，大多数运行模式都很容易识别出。

对于每个运行模式，我都起了一个容易记住的名字。这些名字比技术面分析者使用的技术形态更好记，也更有趣。初学者应该会觉得这些名字不那么令人生畏，但同时对识别当前的市场情况很有帮助。

你将学习的每个运行模式都可以运用于个股或指数 ETF，例如 SPY 或 QQQ。为了帮助你识别不同的运行模式，我附上了每种运行模式的截图。

你越是能快速地在开盘后识别市场运行模式，就能越轻易制订出成功的交易计划。有些市场运行模式蕴含风险，那时候你根本就不应该交易，否则，你就会像一架飞机扎进雷雨交加的天空中一样。大多数时间里，市场会呈现出多种运行模式，尤其是在市场刚开盘后。

温馨提示：每个模式都将显示在一分钟的 K 线图上，因为它能呈现出不同运行模式的最佳走势。你可以自由地任意取用你想要的时间段，但是一分钟 K 线图对运行模式可视化是最直观有用的。请记住，不要使用一分钟 K 线图来交易，只用它来识别市场运行模式。

注意事项和说明

还要再强调一下，尽管市场运行模式分析的行情图与技术分析中使用的图表类似，但它们还是不一样的。如果你使用技术分析，也就是大多数交易员倾向选择的方法，你会在图中标出技术指标和震荡指标。本章中的图表不包括技术指标或者震荡指标。

股市运行模式分析是一种观察整体市场的非技术分析方法。它给你一个方向性的指引，助你了解整个市场的概况，但它不提供行动信号。如果要问它还有什么其他帮助的话，这些模式证实了你在测试交易账户中已经学到的知识。识别其中一个运行模式可以帮助你构建交易计划或步骤。

温馨提示：在最初的 15 分钟内，通常很难识别出正确

的运行模式，所以在市场焦灼上下波动时要有耐心。你的目标是最终找出哪种运行模式占据主导地位，然后将其与你在测试交易账户中学到的知识相匹配。

你可以用股市运行模式分析来追踪任何指数或股票。我建议你可以从每天跟踪 SPY 交易所交易型基金开始。

最后，记住要慢慢消化这一章的内容（可能阅读过程中经常需要停下来思考），因为有很多全新内容，需要时间才能理解和吸收。

"蒸汽压路机"模式（Steamroller）

首先，我们来学习一个十分强大的运行模式，也是我个人最喜欢的："蒸汽压路机"模式。

你可能也会喜欢这一模式，因为它可以做到事半功倍。

事实上，你只需要静静等待，在"蒸汽压路机"模式出现的时候交易，就可以获利良多。由于该模式相当重要，所以一旦它出现时，你一定要能够识别出来。

"蒸汽压路机"模式的一个独特特征是，它开始时发展很缓慢，然后在一天中不断积蓄力量和强度，不会因为其他因素减缓或者扭转趋势。该模式的能量相当之大，可以说它几乎无可阻挡。

有两种类型的"蒸汽压路机"模式：上涨趋势的"蒸汽压路

机"模式和下跌趋势的"蒸汽压路机"模式。

上涨趋势的"蒸汽压路机"模式

顾名思义，当你在一分钟 K 线图中查看上涨趋势的"蒸汽压路机"模式时（一分钟 K 线图是我的首选，因为能很直观看到市场运行模式），你会看到一个强大的上升趋势，在早盘开始缓慢攀升，然后随着时间的推移积蓄力量。到美国东部时间中午时分，它已经很强势了（中间只有偶尔的小回调）。

某些时候，你可以在第一个小时内识别出一个看涨趋势"蒸汽压路机"模式（但并不总是如此）。通常而言，当市场在开盘时就非常强劲（道琼斯指数或标普 500 指数，即 SPX 指数涨超1%）并在一天的稍后时间里不断增强上涨动力，你就可以识别出上涨趋势的"蒸汽压路机"模式。一旦启动，该模式就会所向披靡，直到收盘。

通常情况下，上涨趋势的"蒸汽压路机"模式在期货市场中发展，并呈现出强劲的开盘。尽管并不是所有的强势开盘都会发展成为上涨趋势的"蒸汽压路机"模式，但多数情况下都是如此。如果你能在市场开盘前识别出这个模式并且足够早地抓住这个趋势，你就可以利用这一运行模式赚不少钱。

某些时候，这个运行模式会在当天晚些时候形成。例如，市场可能在头一个小时踟蹰不前，到了早盘中间则转变为较为强劲的上涨趋势"蒸汽压路机"模式，然后"压倒性碾压"其他标的。

图 6-1 展示了一个上涨趋势的"蒸汽压路机"模式的一分钟 K 线图。

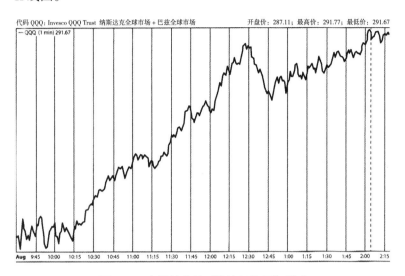

代码 QQQ：Invesco QQQ Trust 纳斯达克全球市场 + 巴兹全球市场　　　开盘价：287.11；最高价：291.77；最低价：291.67

图 6-1　上涨趋势的"蒸汽压路机"模式

以下是几个关于上涨趋势的"蒸汽压路机"模式的观察：

1. 技术分析者可能会将上涨趋势的"蒸汽压路机"模式认定为上行趋势，但它不是普通的上行趋势。它是市场中最强大的升势之一。它可能缓慢地启动，然后在接下来的下午乃至全天一直都不断增强。它将抑制卖空者试图阻碍或扭转方向的任何尝试。虽然这中间可能会有回调和波动，但随着时间推移，这个趋势会慢慢增强。你可以通过这一信号来判断出此时是否是真正的"蒸汽压路机"模式。

2. 如果及早识别出，上涨趋势的"蒸汽压路机"模式可以成为一个有力的获利工具。它往往会驱使所有领涨的股票不断走高。当它是真正的上涨趋势"蒸汽压路机"模式时，几乎就不会出现反转了。

3. 不要过早下判断。许多时候市场开盘时很强劲，但在第一个小时内就失去了上涨动力。要成为真正的上行趋势，指数（或个股）必须继续走高，只允许短暂的回撤。

4. 温馨提示：当你在该趋势发生时交易，最大的风险发生在突然出现日内反转的时候。上涨趋势的"蒸汽压路机"模式很少发生逆转，但如果它发生，通常是由于负面的突发新闻。日内反转的概率很小，因为几乎所有人，包括机构、日内交易员、投资者、对冲基金和交易算法，都在顺应强劲的上升趋势而买入。

如果你能正确地识别出这个模式，购买个股或 ETF 的看涨期权将是一个十分有利可图的投资方式。我认为，你可以在该模式出现的时候通过交易看涨期权获得良好的收益。

下跌趋势的"蒸汽压路机"模式

下跌趋势的"蒸汽压路机"模式是一种极其强大的运行模式，最终将形成不可阻挡的下跌趋势，且通常会持续一整天。对于该模式，你应该保持耐心，并且比交易上涨趋势"蒸汽压路机"模式时更加谨慎。

保持谨慎的原因很简单：几乎所有与金融市场相关的人都希望市场走高。因此，当市场走低并出现下行趋势的模式时，整个金融机构都会盼望趋势逆转。与上涨趋势"蒸汽压路机"模式不同的是，不像上行趋势时候获利相对容易，在下跌趋势的"蒸汽压路机"模式中，你必须非常努力才可能获利。

例如，尽管下跌趋势的"蒸汽压路机"模式可能处于强劲的下行趋势中，但在一天中的不同时点，特别是在它刚刚启动之时，在金融机构的帮助下，那些逢低买入的投资者可能试图扭转下跌趋势，并将市场推高。

但是如果是真正的下跌趋势"蒸汽压路机"模式，这些尝试终将失败。尽管如此，在被短暂的反弹蒙蔽双眼的时候，要守住盈利的看跌头寸并不容易。

图 6-2 显示的是下跌趋势"蒸汽压路机"运行模式的一分钟 K 线图。

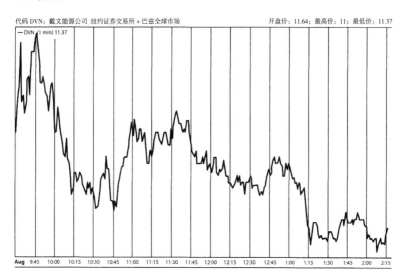

图 6-2 下跌趋势"蒸汽压路机"模式

以下是几个关于下跌趋势"蒸汽压路机"模式的观察：

1. 下跌趋势"蒸汽压路机"模式可能很棘手，因为它在市场走低时会呈现出许多不可预测的情况。如果你能尽早识别出该模式，并在市场（或股票）出现上下波动时不要着急卖出手中头寸，你应该可以取得不错的盈利。市场全天走低的可能性很大，甚至会一路下行到收盘。不过市场不一定总会发生这种情况，但如果是真正的下跌趋势"蒸汽压路机"模式，就会呈现这样的走势。

2. 如果指数在期货市场中下跌超过 0.75%，那么股票市场很有可能会低开（但在开盘前并不能保证如此）。

3. 如果市场在开盘后仍然疲软，也许跌幅会达到 0.75% 至 1%，这可能是下跌趋势"蒸汽压路机"模式即将出现的另一个线索。在经历了最初的混乱无序和起伏波动之后，下跌趋势"蒸汽压路机"模式通常会引发价格继续下探，因为它已经进入了一个缓慢但强大的下行趋势。它将击垮所有试图反弹的尝试，经常直接暴跌到交易日的最后一个小时。

4. 如果正确识别出了下跌趋势"蒸汽压路机"模式，这对于拥有看跌期权的看空交易员来说，意味着可以由此获利。下跌趋势"蒸汽压路机"模式的首个考验在日中到来的时候，因为交易日中间市场波动性通常较低，金融机构和看涨交易员更容易将市场推高。因此，要密切关注这个时间段内指数的反应。如果反弹乏力，这就是一个强有力的线索，真正的下跌趋势"蒸汽压路机"模式正在进行中。

5. 温馨提示：许多看空交易员会过早地判断下跌趋势"蒸汽压路机"模式出现了，也许就在头半个小时内，然后随机买入看跌期权——一定要小心，不要犯这个错误。很多时候，下跌趋势扭转，那些交易员大惊失色。记住，重要的是要保持耐心，等完全确认模式后再买入看跌期权。你肯定不想因为过早地买入而被市场困住，以至于亏损。

6. 温馨提示：偶尔可能会有正面的突发新闻，这可能导致指数突然扭转势头。我们没有办法预测突发新闻何时发生，所以要确保你有一个完备的计划来处理潜在的日内反转。

如果你能识别出下跌趋势"蒸汽压路机"模式，买入 SPY 和 QQQ 看跌期权可能会让你获利不少。有经验的交易员可以买入个股的看跌期权，但对于初学者来说，建议你从买入 ETF 看跌期权开始。

那么现在，让我们来了解一下其他市场运行模式。

崎岖之路

最常见的，也是风险极大的市场运行模式之一，就是崎岖之路。这种混乱无序的模式风险遍布，而且在行情图中经常会呈现出来。当牛市和熊市正在割据胜负难分之时，崎岖之路就会出现。

下图是"崎岖之路"运行模式的一分钟 K 线图：

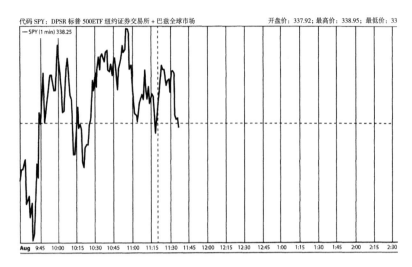

代码 SPY：DPSR 标普 500ETF 纽约证券交易所 + 巴兹全球市场   开盘价：337.92；最高价：338.95；最低价：33

图 6-3　崎岖之路

以下是关于崎岖之路的几点看法：

1. 崎岖之路模式会进行多次反转，从高点下探至低点再反弹至高点（如图 6-3 所示）。初学者如果不了解崎岖之路的形态，很可能会进行错误的择时，从而产生亏损。

2. 崎岖之路会在一天中的任意时候出现，但它往往显现得很早，通常在开盘后的前半小时内就出现，并持续到指数或个股出现决定性地走高或走低之时。崎岖之路的一个特点是，它通常不会在整个交易日保持这种形态。

3. 崎岖之路模式的出现，正是市场混乱无序和方向不定的一个线索。除非你是一个优秀的择时交易者，或者是一个日内短线交易者，许多投资者在这种混乱的市场状况中都会亏损。

4. 如果行情图上出现了崎岖之路模式，这个时候最好避免交易。你必须知道什么时候该持有，什么时候及时止损，或干脆不交易。总体来说，该形态表示牛市与熊市正争执不下。因为趋势没有确立，市场像坐过山车一样忽高忽低。这时，交易环境十分艰难。

5. 尽管崎岖之路形态通常不会持续一整天，但它有时会比预期的时间更长，在那些交易日里，你不必进行交易。然而很多时候，崎岖之路下午就会破解，并向一个方向突破。你应该继续观察，而不要急着交易，要摸清市场接下来会朝着怎样的方向发展。

极端的开盘情况：大幅飙升和骤然暴跌

大幅飙升

大幅飙升是指指数或个股在开盘时快速上涨，在其一分钟K线图中显示出一条垂直的线。许多没有经验的交易员试图通过跟上飙升的指数或个股来赚钱，希望能赶上上涨的尾巴，乘胜追击。这种想法大错特错。

没有经验的交易员可能陷入亏损头寸的困境中，而有经验的交易员可能会对反向下注看空走势。个人建议：不要在高点被套！或者说，先不要参与，等你积累更多经验时再说。

图6-4是大幅飙升运行模式的一分钟行情图。

下面是关于大幅飙升模式的一些观察：

1. 大幅飙升模式是一个预警信号，预示着可能出现反转。通常情况下，在开盘出现飙升后，个股或指数可能会平盘波动，而且往往会出现日间反转。

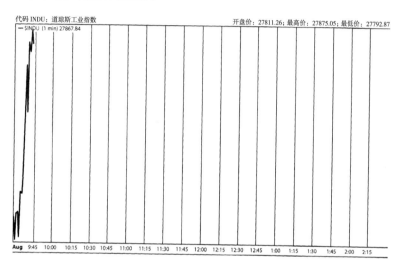

图 6-4　大幅飙升模式行情图

2. 如果某个个股在开盘后立即大涨了较大百分比（比如 8% 或 9%），这就是大幅飙升形态。虽然极端涨势可能会持续稍长时间，但逆转的概率很大。个人建议：不要盲目追随大涨的个股或指数。如果在股票出现如此极端的涨势后买入看涨期权，那么你很可能是在高点买入。

3. 如果你很幸运刚好在飙升期间持有看涨期权，那么你可以考虑卖出这些头寸，可以先卖一半，也可以全部卖出，然后落袋丰厚的收益。涨势有可能会继续，是卖出还是继续持有，只有你自己能做出这个选择。

4.大幅飙升形态可能发生在交易中的任意时间，不过开盘后不久通常是日内反转最易出现的时间。

大幅飙升与上涨趋势"蒸汽压路机"模式的对比：你必须认识到开盘时个股或指数飙升与个股或者指数缓慢走高的模式的区别，大幅飙升模式可能在当天稍晚时候变成上涨趋势的"蒸汽压路机"模式。

在行情图中，这两条垂直线可能看起来很相似，但实际上，它们并不相同：飙升的个股或指数会以令人震惊的速度上涨，但是上涨趋势"蒸汽压路机"模式一开始发展缓慢，并随着时间的推移积蓄力量。

现在，让我们再来看一下那些相反的运行模式。

骤然暴跌

当个股和指数飙升时，大多数交易员和投资者都会感到高兴，而暴跌则会引起焦虑。通常来说，在市场开盘前，如果标普500指数期货价格走低，那么指数可能在开盘后会出现急速下跌。

当指数在开盘时快速而猛烈地下跌时，它在行情图中会呈现出一个垂直的下降趋势。后面有可能个股或指数会在几分钟内止跌并反弹，但这并不能保证，所以开盘后，如果出现了骤然暴跌，要注意突然日内反转。

图6-5显示了骤然暴跌运行模式的行情图。

以下是关于骤然暴跌模式的观察：

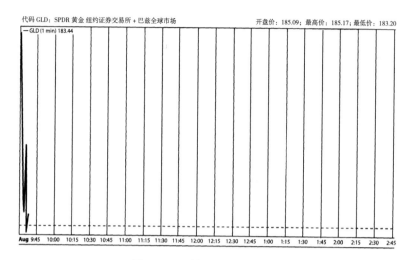

图 6-5 骤然暴跌模式行情图

1. 如果你在骤然暴跌期间拥有看跌期权，那么在市场恐慌和恐惧情绪中卖出这些看跌期权，全部或分批卖出，往往是一个明智的决定。通常来说，恐惧和恐慌不会持续很久，所以尽早落袋为安是不会错的。骤然暴跌会导致看跌期权的隐含波动率暴涨。

2. 如果一只股票在开盘时就暴跌了好几个百分点（比如8%或9%），尽管恐慌抛售可能会持续稍长时间，但日内反转的概率很高。个人建议：不要盲目追随那些已经暴跌的个股或指数。如果你在暴跌期间中买入看跌期权，你可能选择了错误的时点高点买入。这个决策注定会赔钱。

3. 要确保你了解个股或者指数骤然暴跌与下跌趋势"蒸汽压路机"模式之间的区别。骤然暴跌的个股会急速波动，而下跌趋势"蒸汽压路机"模式则会在一天内缓慢下跌。

4.骤然暴跌可能发生在交易日的任何时候，尽管开盘后不久通常是日内反转最易出现的时间。

平盘吸筹

还有一个极常见的市场运行模式，叫作"平盘吸筹"，技术分析者也会称为盘整。与"崎岖之路"不同的是，"平盘吸筹"会出现更剧烈和极端的波动，但是在一个相对严密可控的市场环境中进行较小的"之"字形波动，所以，这个时候几乎没有什么交易机会（除非你是奔着亏钱去的）。

图 6-6 显示了平盘吸筹运行模式的行情图。

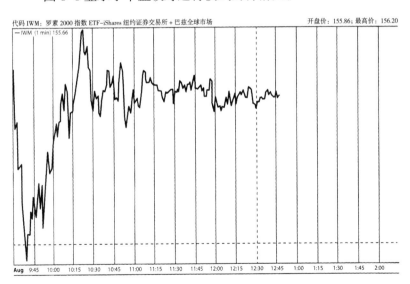

代码 IWM：罗素 2000 指数 ETF-iShares 纽约证券交易所 + 巴兹全球市场　　开盘价：155.86；最高价：156.20

图 6-6 平盘吸筹模式行情图

以下是关于平盘吸筹运行模式的几点观察：

1. 这个模式之所以被称为"平盘吸筹"，是因为如果你在这种模式下进行交易，那么可能就会为自己的经验不足而买单。为什么呢？因为市场波动太小了，很难抓住机会。最终，股票或指数将突破平盘模式，但我们无法预测接下来市场将向怎样的方向运行。最好的办法是先耐心等待，直到市场（或者个股）发出明确的信号，然后再交易。

2. 日中附近，市场通常会进入波澜不惊乏善可陈的平盘吸筹模式。在这段时间里，成交量和波动都会减小，所以需要保持耐心。同时也要谨慎，因为市场可以在没有任何预警的前提下突然突破横盘模式。

3. 平盘吸筹形态是无法预测的，当行情图中呈现出这种形态时，最好不要进行交易，可以寻找其他标的买入，或者干脆休息一下。

强势反弹

强势反弹是一种常见的模式，是一种上升趋势。强势反弹的有趣之处在于，它有可能变成一个上涨趋势的"蒸汽压路机"模式。市场越上行走强，它就越有可能保持向一个方向发展。

要注意它对回撤的反应。如果它只是暂时性地扭转了方向，但仍然继续持续走高，这就是一个证据，说明涨势将继续下去，甚至可能越发强劲。

图 6-7 展示了强势反弹模式的行情图。

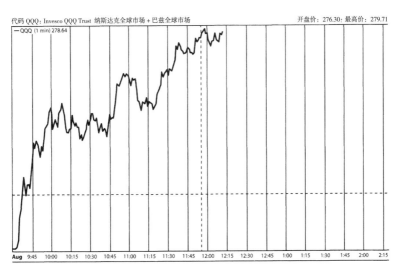

图6-7　强势反弹模式行情图

这里有几个关于强势反弹模式的观察：

1. 当你提前买入并持有看涨期权头寸时，强势反弹是一个很大的获利机会。由于还可能存在日内反转的风险，所以要全天密切关注你的看涨头寸。

2. 不要跟市场趋势反向买入看跌期权，尤其是在牛市中。看空交易者往往会无视股票市场的运行模式，用大额资金押注市场可能下行。逆势交易有时候是行得通的，但当强势反弹趋势出现之后，就不能这么做了。

猛烈抛售

　　猛烈抛售也是一种常见的运行模式，通常在市场下行的时候出现。关于猛烈抛售模式的一个有趣的观察是，看涨的机构和其他金融实体可能试图用"牛市反转"来一改市场下行的趋势。然而，如果牛市反转不成功，指数和股票将继续下跌。

　　有些时候，猛烈抛售模式会转变为下跌趋势的"蒸汽压路机"模式。如果你手中有看涨期权做多头寸，你必须有完备的风控措施来控制损失。否则，请小心后果。（显而易见的是，如果你在猛烈抛售的局势中持有看跌期权，将会大赚一笔。）

　　图 6-8 展示的是猛烈抛售运行模式的行情图。

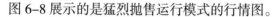

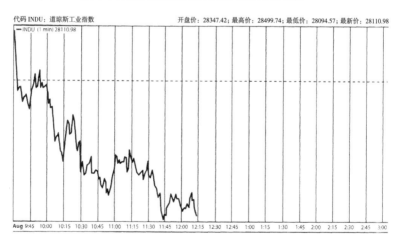

图 6-8　猛烈抛售模式行情图

　　以下是关于猛烈抛售的一点观察。

　　猛烈抛售模式下，头寸可能很难管理，因为市场会呈现多次假性反转。随着市场的下跌，神经紧绷的看跌期权持有者往往会心中按捺不住而放弃原本可继续获利的头寸。不会轻易被吓退的看跌期权持有者，如果在市场猛烈抛售期间继续持有，则可以有不错的盈利。

慢速反弹

慢速反弹开始时的升势悄无声息，导致其经常被人忽视，或者压根没被注意到。缓慢而看似笨拙的反弹并不是一种市场疲软的迹象。事实上，这甚至可能是一种市场逐渐强势的标志，因为越来越多的金融机构和投资者会在逐渐反弹中买入。

慢速反弹有时也会发展成一个非常强大的上升趋势，甚至可能在晚些时候变成一个上涨趋势的"蒸汽压路机"模式。这种看似不起眼的运行模式可能会产生不少获利机遇，不应该被大家忽视。

图 6-9 展示了慢速反弹运行模式的行情图。

以下是关于慢速反弹运行模式的一点观察。

慢速反弹模式可能会随着时间推移而根基不稳，这就是为什么要密切关注这种模式并给它充足的时间来演化发展的原因之一。好消息是，可能有很多个股会随着慢速反弹而上涨。这意味着买入看涨期权会存在获利机会。

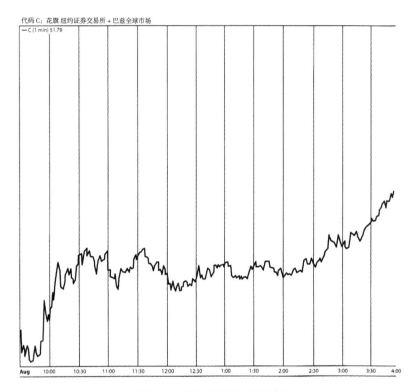

代码 C: 花旗 纽约证券交易所 + 巴兹全球市场
— C (1 min) 51.79

Aug   10:00 10:30 11:00 11:30 12:00 12:30 1:00 1:30 2:00 2:30 3:00 3:30 4:00

图 6-9　慢速反弹模式行情图

缓慢抛售

　　缓慢抛售也是开启时悄无声息，不会引起投资者太多注意。因为抛售并不显著，市场可以朝着任意方向发展。无论是慢速反弹还是缓慢抛售，都不足以吸引大多数交易员的注意，至少一开始是如此。即使市场并未朝着预期方向发展，也可以看一看个股潜在交易机会。

缓慢抛售有时会变成强大的下行趋势，并在当天稍晚时间转变为下跌趋势的"蒸汽压路机"模式。在市场呈现出较明显的趋势之前，观察和等待是明智之选。在市场试图寻找运行方向之时，缓慢抛售可能会出现不可预料的走势。

图 6-10 展示的是缓慢抛售运行模式的行情图。

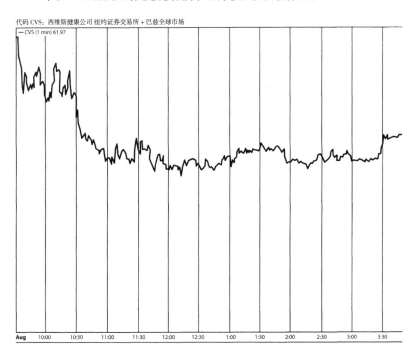

图 6-10　缓慢抛售模式行情图

以下是对缓慢抛售模式的观察。

缓慢抛售很易出现反转，尤其是在成交量较少的情况下。逢低买入者通常在抛售期间开始建仓，以期下跌趋势结束。保持耐心是在这种运行模式中交易的关键。

平盘、弱势或者方向不明的市场模式

这种运行模式是一种没有明确倾向和未来指向的模式，比较索然无味。当开盘后出现这种无聊的形态时，表明市场当下毫无方向。不要放松警惕，因为平平无奇的市场总会打破僵局，并选择一个方向突破。

如果这是一个平盘弱势的开盘，此时你可能想寻找个股交易。此时，你也可以干脆关掉电脑，干点其他事情。没有哪一条规定强迫你必须每天交易，事实上，你也不应如此。

图6.11展示了平盘、弱势或者方向不明的运行模式的行情图。

以下是关于平盘、弱势或者方向不明的运行模式的几点观察：

1.尽管平盘、弱势或者方向不明的模式与平盘吸筹模式相似，但不同的是，方向不定或者平盘的市场或者个股可以持续一整天，但平盘吸筹的模式持续时间更短暂。无论哪种运行模式，你都可能会在入场或退出时出现失误。

2.通常情况下，最好避免交易平盘或弱势或者发出互相冲突的信号的个股或指数。寻找其他你能发现的可交易个股，或者当天不要交易。

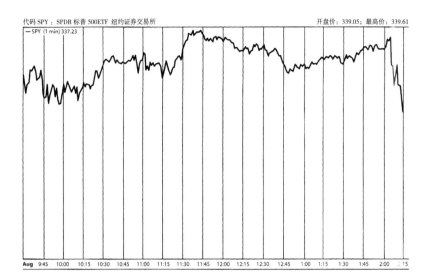

图 6-11　平盘、弱势或者方向不明的市场模式行情图

日内反转

现在，你已经了解了市场中非常常见的几种运行模式，是时候学习如何识别主要的日内反转模式了。虽然暂时性的反转很常见，但实质性大的日内反转却不常发生。

当日内反转发生时，它预示着至少当天的市场趋势已经改变。通常情况下，出现的新趋势会延续到第二天，但也不好说。尽管如此，只要发现日内反转，我们就要多留心。

以下是两种主要的日内反转模式，我把它们分别命名为失败抛售和失败反弹。

失败抛售（看涨）

如果时机正确，失败抛售模式其实是很有趣的，且可以获利
（当然这需要大量练习才能做到）。这种模式对于喜欢在下跌时
买入的看涨投资者来说非常有意思。正当熊市试图宣告胜利时，
市场出现了大量的买盘，阻止了抛售行为的继续，指数（或个
股）开始反弹。失败抛售模式如果继续下去，可能势头还是较
为猛烈的。

图 6-12 展示的是失败抛售运行模式的行情图。

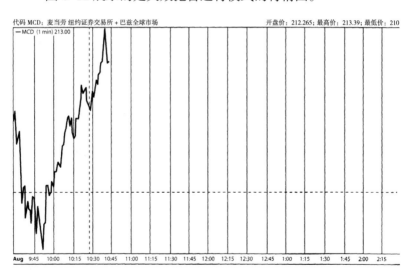

图 6-12　失败抛售模式行情图

以下是对失败抛售模式的几点观察：

1. 失败抛售是一个看涨的信号，且上升趋势继续的可能性很
大（但不能完全保证）。

2. 失败抛售值得注意，因为当指数在开盘后下跌时，那些押注市场将继续下跌的看跌投资者将继续买入看跌头寸（他们陷入了所谓的空头陷阱）。紧接着，当市场出现日内反转之时，他们会觉得很震惊。

3. 任何时候出现市场抛售，都要做好反转的准备。失败抛售可以为多头交易者带来不错的收益，但要等到反转确立后（市场停滞、反转、然后突破）再做多。保持耐心和良好的择时技巧是利用失败抛售获利的关键。

失败反弹（看跌）

你从市场反弹中学到的东西总是会比从抛售中学到的多。因此，如果反弹开始时很强劲，但后续上攻乏力并扭转方向，这就是一个需要密切关注的看跌信号。它可能是一个重大的趋势变化信号。

图 6-13 展示了失败反弹运行模式的行情图。

以下是关于失败反弹运行模式的一点观察。

最初的反弹将吸引在顶部或附近买入的看涨投资者（即所谓的牛市陷阱），驱使他们继续买入，直到反弹停滞并发出反转信号。如果反转确立，市场将转向熊市，或者至少是暂时性的转向熊市。

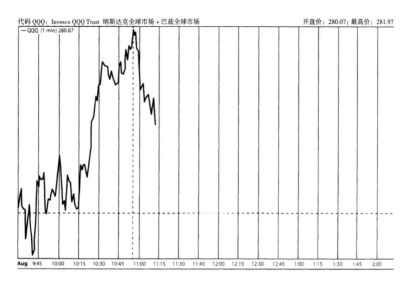

图 6-13　失败反弹模式行情图

问题及答案：股市运行模式分析

现在，你已经完成了股市模式分析的学习，让我们来一起回答几个问题。

问题：为什么研究整个市场如此重要？

评估整个市场环境对一个交易员的成功来说至关重要。如果你不评估市场情况就贸然进入股票或期权市场，情况将对你非常不利。要成为一名成功的期权交易员并不容易，所以你必须努力获得一切可能的优势条件。

不过你可以想想看，你刚刚学习的运行模式只是识别和评估市场趋势的另一种方式，而这正是传奇交易员杰西·利弗莫尔声名远扬之处。（可以翻到第十二章，读读利弗莫尔的交易策略。）

利弗莫尔曾经写道："当帕特里奇先生不断地告诉其他客户，'你要知道，这是个牛市！'他的言下之意其实是，获利的关键不在于个股波动而在于市场整体波动——也就是说，不在于看盘而在于评估整个市场和趋势。当我明白这一点后，我的交易学习取得了很大的飞跃。"

实际上，是帕特里奇先生正确识别了市场趋势，并建议不要逆向交易。利弗莫尔意识到，如果他能正确识别整个市场环境，并顺着趋势交易，他成功的概率就会增加。

在他剩下的交易生涯中，利弗莫尔一直是一个"趋势交易者"，但没有人能保证事事都顺遂人愿，仅仅靠识别和跟随趋势并不足以确保成功。这是交易员从每次突然毫无先兆的日内反转中学到的教训，还有那些本不应买入的头寸。

问题：你能预测何时会出现日内反转吗？

预测日内反转几乎是不可能的，尤其是，很多日内反转都是突发新闻造成的。然而，有一些技术分析师使用震荡指标或其他技术指标来预测哪些股票可能出现逆转。技术面指标是识别潜在反转的首选工具。

技术面分析的问题之一是，它产生了许多错误信号。尽管如此，技术指标和振荡指标对于那些了解如何善用它们的投资者来说还是很有用处的。

许多交易者试图通过押注市场何时触顶或触底来进行择时交

易。这种技能是很难精准掌握的。通过本书学习趋势交易策略的一个原因就是，跟随趋势比试图预测日内反转更容易。

问题：股票市场运行模式分析也是一种技术分析吗？

不是的！我想这一点我已经在前文中有所阐述了，但如果还是不清楚的话，我愿意再次强调一遍：股市运行模式分析是我创造的一种简单方法，即使用一分钟 K 线图来分析股市行为。它并不是技术分析。这两者唯一的相似之处是它们都使用行情软件。

股市运行模式分析仅用于快速了解市场整体概况，以协助制订当天的交易计划，并帮助识别风险高企的市场状况。

这种方法也有助于交易员评估究竟是要买入个股还是 ETF，以及识别市场趋势。根据行情图上的信息，你通常会得到下一步应该如何做的灵感。这种方法比技术分析更易使用，它主要用于评估股票和市场行为，而不是给出操作信号。它对那些没有时间学习技术面分析的交易员也很有用。

●●●●●●●●●

恭喜你，你已经学习完毕市场分析的新方法了！很少有交易员愿意尝试新的东西，所以我必须要对你的求知欲提出表扬。我也希望你学有所获。

在第三部分，你将了解到其他交易策略，包括如何交易两个广受欢迎的 ETF（SPY 和 QQQ）以及学习其他可能增加风险的交易策略。如果你想要学习一些与众不同的知识，那么第三部分应该能满足你的要求。

第三部分

其他交易策略

我们在第二部分学习了测试交易策略，在第三部分，我们将讨论更多的传统期权策略，包括交易 SPY 和 QQQ。此外，我还要介绍风险系数更高的"非常规"期权策略，如逆势策略和剑走偏锋策略。本部分内容最后，我也会解答与期权策略和交易策略相关的问题。

每个想要通过更精妙复杂方法增加收益的投资者，应该都能从这一部分内容中获得一些灵感。

第七章

交易 SPY 和 QQQ

在本章中，你将学习买入 ETF 看涨和看跌期权的策略，我们的主要关注标的是 SPY 和 QQQ。还是那个道理，如果跟随趋势走势交易，你可以赚到不少钱；但是如果判断失误，你就会产生严重亏损。

众所周知，大多数交易员的策略是预测 SPY 和 QQQ（或其他 ETF）的走势，并买入符合他们判断的期权。许多人犯的错就在于持有看涨看跌期权直至到期。

你应该记得我提到过，我并不建议持有看涨或看跌期权直至到期日。此外，尽管预测 ETF 的未来走势是一种普遍的策略，但它很难获利，即使你有技术指标和振荡指标的加持。

尽管如此，交易 SPY 和 QQQ 等 ETF 还是有机会获利的，在本章中，我们将一起探索一些可行的方法。

哪种交易标的更优：股票还是 ETF

许多交易员想知道他们应该交易个股还是 ETF。我的回答是，这是个人偏好。我能给出的最好建议是从学习如何通过买入个股看涨期权获利后，再学习 ETF 交易。这之后，你可以尝试买入 SPY 或 QQQ 看跌期权，这两者在下跌趋势或熊市中可以获得较多利润。

注意： 虽然本书中反复提到 SPY 和 QQQ，但还有其他几只 ETF 你可以关注和交易。举个例子，罗素 2000 指数（IWM）和道琼斯工业平均指数（DIA）就不错。

SPY 和 QQQ 是理想的看涨、看跌期权标的，因为这两只 ETF 流动性充裕，没有加杠杆，并且交易活跃，期权的买卖价差也很小。如果你是 ETF 的交易新手，不妨从交易 SPY 和 QQQ 期权开始。当你获得更多的经验后，再关注其他 ETF。

但不得不说，许多 ETF 并不适合期权交易，因为这些标的流动性很差。对于许多 ETF 来说，期权买家很难实现公平交易。尤其要注意的是要远离杠杆（2 倍、3 倍杠杆的 ETF）或流动性差的 ETF，例如买入波动性或交易量低的 ETF。它们很易入手，却很难退出。

使用测试交易策略买入 SPY 和 QQQ 看涨期权

你已经学会了如何使用测试交易策略来买入个股。在本章中，你将学习如何交易 SPY 和 QQQ。使用测试交易账户交易 ETF 的好处是快速和简易——在测试交易账户中买入 ETF 通常只需要不到一分钟的时间。

如果你喜欢个股作为标的的测试交易策略，你应该同样会喜欢将其应用于 ETF。再次重申，是否要使用该策略是个人选择。如果你感兴趣的话，请跟我一起往下读！

注意：如果你的证券经纪公司没有模拟交易平台，你仍然可以使用以下策略，在你的观察列表中加入 SPY 和 QQQ，密切注意它们的走势，在你确定趋势后相应买入看涨或看跌期权。此外，可以使用技术分析来确定何时进场和退出。

现在，我们要在开市后在模拟账户中买入 5 张 SPY 和 QQQ 的看涨期权。（我们必须等到美国东部时间上午 9：30 开市后才能进行期权交易，在测试交易账户中也一样。）

1. 模拟账户中买入 5 张 SPY 看涨期权

开盘后，以随机市价买入 5 张 SPY 价内看涨期权。选择一到两个月以后到期的。由于下的是市价单，该交易立即成交。

举例：假设 4 月 7 日，SPY 在盘前价格为 280.34 美元每股。开盘后，在测试交易账户中，市价买入 5 张 280 美元为行权价的 SPY 看涨期权（价内）。

选择一到两个月后的到期日（在这个例子中，选择 5 月 15

日或 6 月 18 日，也就是一到两个月后）。4 月的到期日对于我们的目的来说太早了，因为它还不到一个月。

温馨提示：再次强调，测试交易的标准与进行实盘交易时的标准是不同的。例如在实盘交易时，通常很少使用市价单。你通常都会使用限价单。

---

2. 模拟账户中买入 5 张 QQQ 看涨期权

你现在将针对 QQQ 做一个类似的模拟交易。现在日期为 4 月 7 日，QQQ 的交易价格是每股 201.89 美元。买入 5 张 QQQ 看涨期权，行权价为 202（价内），到期日至少为一个月后。

在实盘证券经纪账户中买入看涨期权

好了，你已经建立了你的测试交易账户，并已经买入了 SPY 和 QQQ 看涨期权以及个股，接下来你可以开始考虑在实盘经纪账户中买入看涨期权。让我们继续往下阅读，来学习如何择时。

准备买入 SPY 和 QQQ 看涨期权

虽然你赚钱的首选是买入上行趋势个股的看涨期权，但有些时候买入 SPY 或 QQQ 是更好的选择。不过，请牢牢记住，买入指数并不是一条那么好走的路。

你已经确定了 SPY 或 QQQ 能够获利的走向，那么就该进行实盘交易了。如果你判断正确，期权收益将会很可观。如果判断失误，损失将会迅速累积，尤其是如果在你持有期较长的情况下。在交易 SPY 或 QQQ 等 ETF 时，懂得在自己判断失误时快速止损是至关重要的。

如果你能买得起 5 张或更多的 SPY 或 QQQ 的看涨期权，当你正确判断整个市场的走势时，你可以获得较高利润。如果你没有足够的本金，就把期权合约数减少。如果你是个新手，就从买入 1 张看涨合约开始。

你可以通过不断观察测试交易账户中的 SPY 和 QQQ，了解其收益几何，从而获得丰厚的回报。

在实盘证券经纪账户中买入一份 SPY 看涨合约

利用可以给出操作信号的技术面分析和你在测试交易账户中学到的技巧，你可以考虑开始实际投入买入 SPY 或 QQQ。

在买入之前，要确保你识别出了正确的运行模式（如上涨趋势的"蒸汽压路机"模式或者强势反弹模式——具体见第六章）。

如果市场环境没有变化，万事俱备，那么你就可以下手买入 SPY 或 QQQ 的看涨期权。买入的合约数量由你定夺，但应该少于 5 张——至少开始时应该如此。买入多少看涨合约也应该取决于市场的强弱程度，更重要的是，取决于你愿意投入多少本金。

如果你确定整个市场的趋势是上行的，而且经你分析上涨劲头十足，请通读以下几条秘诀，然后实盘买入 1 张看涨期权。

关于买入 SPY 和 QQQ 看涨期权的一系列观察

实盘交易不简单，所以在用真金白银冒险之前，你需要阅读以下几点交易秘诀。

交易秘诀 #1

要证明你判断正确，最好的证据就是收益——你应该在几分钟内就看到收益的产生。另外，无论你是否看到了投资收益，都要建立一个时间止损和限价止损点，并严格遵循。如果你手中的头寸正在产生亏损，请克制住加仓的冲动，不要误以为现在是赚钱的好机会。

交易秘诀 #2

有些人不会在亏损的头寸上继续加仓，但有时会在已经获利的头寸上加仓，尤其是当你确定它处于一个强劲的上升趋势中时。如果你决意加仓，那就只加一次，且应该及早进行。换句话说，要在 ETF 趋势突破并大幅走高之前。不可否认，知道何时加仓获利中的头寸并不容易，所以如果你不确定，就应保持现有仓位。

交易秘诀 #3

许多期权交易员加仓获利头寸的时间太晚，这是期权交易的大忌。其实，只要你尽早行动，加仓也并无不可。如果加仓动作太晚（在市场飙升后），你就是在追高，而不是跟随趋势。

有些时候（越早越好），你必须停止继续加仓，或是只看着收益增加就好。那时你应该考虑卖出或减少仓位，而不是加仓。

交易秘诀 #4

如果市场趋势仍然上行，而且你的获利仍然在增加，那么你显然正确判断了趋势。如果随着时间的推移，没有出现大的趋势逆转，那么你手中的头寸在一天中的大部分时间里保持获利的概率是很高的。

要记好，一旦机构嗅到了强劲的升势，他们就会扎堆买入。散户也一样。这时唯一的输家是卖空投资者，他们可能需要被迫回补损失，而这将进一步推高涨势。

交易秘诀 #5

市场在任何时候都有可能逆转，比如可能突发利空新闻或者时运不济，所以必须密切关注你的 ETF 头寸。现在不是吃午饭或出门办事的时候！你应该观察该头寸的表现，直至卖出，因为这一天中任何情况都有可能发生。

如果你正确分析了一分钟 K 线图和市场运行模式，你的收益可能会很可观，以至于你会感叹："简直不敢相信我赚了这么多钱！"如果这种想法在你脑海中闪过，那就是一个信号，表明你至少要卖掉一半的头寸。不要让贪婪左右你。在你尚能理智思考的时候落袋为安，而不是等到被逼无奈之时。

交易秘诀 #6

如果你出于某种原因在错误的时间进入市场，并不断产生亏损，请不要犹豫，直接卖出头寸。要确保至少在一天结束前退出。不要忘记这条真理：只有失败者才会持有失败的头寸。

交易秘诀 #7

你可以持有看涨期权过夜，尤其是在牛市期间，但落地收益永远是明智的。随着时间流逝，期权资产和价值都在损失。

交易秘诀 #8

持有获利的 ETF 期权头寸的时间取决于市场环境和反弹力度，以及究竟是处于牛市还是熊市。在牛市中，你可以更长时间持有看涨期权；如果是熊市反弹，你持有看涨期权的时间应该相应减少。

交易秘诀 #9

当你取得了巨额收益后，即使是一天内产生的收益，也要考虑卖出部分期权，让收益落地。就像我常说的，在开始亏损之前卖出。太多的期权交易者持有了盈利头寸后就会变得贪婪，结果痛失所有利润。你在本书中学到的投机性期权策略（买入看涨期权和看跌期权）并不是让你持有至到期日，通常持有期都不会超过一个星期。

尽管显然许多期权交易员并不认同，但根据我的研究和实验发现，期权利润可能往往在到期日之前就已经损失殆尽。在交易期权时，要始终保持审慎，尽早落袋为安。如果你喜欢买入并持有，那么就投资股票。在交易期权时，越早实现收益越好。

不要为错失了潜在收益而困扰，毕竟这钱本就不属于你。还记得山姆的想法吗：他为自己错过的收益而生气。有这种感觉很正常，但你不应该因此纠结。

另一方面，如果你没能及时卖出并因此产生亏损，没什么比这更让人懊恼的了。过早卖出不会折损你的投资组合，太晚卖出则会。

如果你因为获利了结而错失了第二天（或者是同一天晚些时候）的更大金额的收益，那也没关系。过早或过晚出售是个双重困境，从来没有简单的解决方案。这就是为什么我说，卖出一半头寸往往是最合理的处理方式。

交易秘诀 #10

SPY 和 QQQ 有时会因为隐含波动率而显得成本高昂，但如果你打算在交易日结束前出货，这通常不是一个很大的问题。

个人建议：进行的 SPY 和 QQQ 交易练习越多，你对期权

"公允"价格的认识就会越深。如果一个月到期的期权价格总是
4或5美元，但突然间升至6或7美元，你就会知道隐含波动率
变高了。你可以进行交易，但还要知道你付出的代价比平时要
高，或者你也可以选择不做交易。

交易秘诀 #11

如果你看到道琼斯工业平均指数的涨幅已经达到了1%，而
测试交易账户中的SPY看涨期权正在亏损状态中，这可能是一
个警示信号，表示道琼斯工业平均指数并不像表面上那样强劲。
当道琼斯工业平均指数和SPY看涨期权（或SPX）状态保持一
致时，这才是两者走势的有力证据。

当你看到指数和测试交易账户中的个股走势出现背离时，
有可能反转即将发生。虽然不能打包票，但这时最好还是注意
观察。

总结： 如果你看到指数和股票之间背向而行，请保持
警惕。

• • • • • • • • •

希望这些秘诀可以帮助你做出买卖决策。买入ETF看涨期
权很容易，但要从中获利却没那么简单。在按下确认键完成交易
前，你应该确保一切条件都顺利满足。在实盘交易开始前不断练
习对你来说有百利而无一害，尤其是在交易ETF时。

而接下来，我们要首次讨论买入 ETF 看跌期权了。对于那些对市场持看空观点的投资者来说，下一节应该很有帮助。

买入 SPY 和 QQQ 看跌期权

我知道，许多读者早已等候多时，想要学习如何买入看跌期权。感谢你们耐心地看到这里。买入看跌期权并不适合业余投资者，它需要更多的交易技巧和耐心，才能在空方获利。

但好消息是，通过适当的培训和经验积累，你也可以通过买入看跌期权赚钱，但你必须更加谨慎，并主动在局面不利时迅速出手以减少损失。

虽然市场大牛市和情绪亢奋可以持续数周、数月甚至数年，但当市场下跌时，恐慌和恐惧往往不会持续那么久。即使在一个形势危急的熊市中，也会有不少单日反弹，可以击垮看跌期权的买家。

这个事情积极的一面是，市场下跌的速度会比上涨的速度快得多，这为精准择时的看跌期权买家提供了额外收益。随着隐含波动率飙升，还会产生更多额外的收益。但看涨期权的逻辑并不是如此。如果在市场盘整或经历崩溃前持有看跌期权，你可能的获利金额会是很可观的。

正如往常一样，买入看跌期权的获利关键是保持较小的获利规模。尽管你可以偶尔做一笔风险较高的交易（深度价外看跌期权），但不要养成买入低价但获利机会渺茫的看跌期权的习惯。

无论市场看起来超买程度有多严重，它仍然会变得更变本加厉。所以这也就是在市场处于上行趋势时不要做空头交易或者买入看跌期权的原因。

关于买入 SPY 和 QQQ 看跌期权的观察

如果你想通过买入 SPY 和 QQQ 看跌期权来获利，等待强劲的下跌趋势通常是明智的。这需要足够的耐心，因为许多金融机构和投资者会选择在股市下跌时买入以获利，这意味着市场跌势会在积蓄能量回升前就结束。

判断市场运行模式的一个线索是观察市场如何开盘。如果道琼斯工业平均指数等主要指数一开盘就下跌超过 1% 至 1.5%，那么市场在当天继续下跌的概率就很大（但不能打包票，因为日内反转时有发生）。

不过，市场很多时候会从单纯的下行变为压倒性的狂泻，这时 SPY 和 QQQ 看跌期权将带来巨大回报。你必须密切关注这一头寸，并迅速落袋为安。一定要设置好时间止损、价格止损或止盈水平。

交易秘诀 #1

虽然在市场低开时就买入看跌期权感觉会有利可图，但这个决策往往被证明是错误的。在盘初的抛售过后，逢低买入的机构和交易员很有可能会下场买入，从而推高指数，至少短时间内会如此。

交易秘诀 #2

我之前曾经提到过，但现在还要再强调一遍：无论你多么看空市场或者个股，都不要长期持有看跌期权。对于个股投资，你有足够的时间来让手中头寸实现获利。对于期权来说，情况并非如此。

所以，一旦你认为当初买入的理由不再成立，就要立即卖出那些被你淘汰的期权。如果市场方向不定，或者标的股票或指数表现不佳，也没有理由一直持有看跌期权。

你怎么"认为"其实并不重要，一切根据都来自你的收益。如果你在持有看跌期权时出现亏损，就证明你判断失误了。趁还有机会的时候，让损失最小化，尽快出局。

交易秘诀 #3

允许我再多嘴一次，如果你在持有看跌期权时获利较多，那么你可以考虑在收益已经达到内心预期水平的前提下卖出手中一半头寸。如果收益已经超出了你之前设想的上限，可能此时你持有周期已经过长了，应该考虑卖出所有高价期权。毕竟你随时都可以采用不同的执行价开启一个新的、规模更小的头寸。

虽然在极少数情况下，投资回报可能惊人，但当市场快速拉升并扭转颓势之时，总有牛市突袭的风险。许多毫无防备的看空投资者就这样踏入了熊市陷阱。

交易秘诀 #4

尽管跟随势头股的交易策略是有据可循的，但你不应该如法
炮制地买入暴跌股票作为标的的看跌期权，以期能在下行趋势中
获利。虽然股票可以进一步下跌，但期权的成本可能很高（隐含
波动率高）。因此，在这个时候买入看跌期权可能为时已晚。请
记住，永远不要追随下跌的股票。

买入个股看跌期权

我知道，不少人都急着要学习买入个股看跌期权的知识。感
谢你们保持耐心读到这里。我一直到现在才开始讨论个股看跌期
权，是因为这是一个十分具有挑战性的策略。原因很简单：买入
个股看跌期权需要高超的择时技巧。

因此，如果你是一个初学者，而且有充分合理的看跌市场的
理由，在正式开始买入个股看跌期权前，先从买入 ETF 看跌期
权开始。正如前文所述，在你已经熟悉看涨期权买入交易前，先
不要考虑买入看跌期权。

华尔街有句老话，"看跌期权是你的老朋友。"事实上我发
现，看跌期权算不上是你的朋友。现实中，看跌期权就像狡诈的
熟人，一有机会就会出卖你。

以下是关于买入个股看跌期权的一些观察。

交易秘诀 #1

个人不建议购买热门但处于超买状态个股的看跌期权。投资者青睐的个股会更加趋向超买状态。我见过一些非常出色的交易员因押注热门股票而损失了大笔资金，这些股票似乎会永远涨下去。

其中最显著的例子是特斯拉（TSLA），它一度是市场上被投资者做空极严重的股票之一。大家对这只股票的态度爱恨交加。压在上面的空头还是无法撼动这家公司的市值。

许多技术分析师根据他们的判断指标发现特斯拉已经出现超买，于是选择做空该股。然而，这并没有妨碍特斯拉的股价在几年内越推越高，让那些卖空投资者和未能及时止损的看跌期权投资者蒙受了惨痛损失。虽然特斯拉股价偶尔才会经历暴跌，但它几乎总是比以前更有力地反弹回来。

如果你打算买入个股看跌期权，请买入那些较为弱势的超买股票为标的的看跌期权。在买入看跌期权的时候，无论你的指标指向如何，或者你怎么"认为"，都不要逆势而行。

交易秘诀 #2

看跌期权在对冲时效用是最大的——专业从业人员就是这样利用看跌期权的。随着你对其理解进一步加深，你也可以设计出更复杂的策略（例如价差策略）。你同样也能够通过看跌期权来保护你现有的股票投资组合，或对冲市场下跌。

● ● ● ● ● ● ● ● ●

　　我们已经讨论完毕如何买入 ETF 看涨期权和看跌期权，是时候开启第八章了，在这里，你将学习一些新的策略，同时也会学到一些常用传统策略。

　　其中一些策略是为至少有一年交易经验的中级交易员准备的。因为有些风险系数更高，我把它们称为"非常规"期权策略。你可以根据自己的情况自行决定是否采用。

第八章

非常规期权策略

在本章中，你将学习一些期权策略，其中一些风险会有所增加。以下是我们将要讨论的策略清单：

- 剑走偏锋策略
- 逆势策略
- 基础对冲策略
- 简单单一股票策略

下面的策略与前面介绍的比较稳妥的策略不同。到目前为止，我已经向你展示了如何负责地、耐心地进行交易，而不是不必要地冒进。

然而，有些时候，你可能想适当增加风险。如果你对此感兴趣，那么这一章的内容应该对你胃口。交易期权时可以承担一定风险，只要你遵循我们的首要规则：保持小规模交易，购买的合约数量不要超过你的承受能力。

我再提醒一次，这一章的内容需要慢慢读，每读完一部分内容都要好好消化一下，不要试图一下子掌握全部内容。

剑走偏锋策略

我其实不大愿意讨论这个策略，因为它更类似于赌博，而并非交易，我将它称之为剑走偏锋策略。如果操作得当，你可以用较少的资金获得较高收益（如果你判断正确）。

获利的关键是不要过于冒进，更重要的是，不要频繁做这类交易。要注意的是，该策略类似于买彩票。也许这就是为什么它会受到这么多期权交易员的欢迎。

交易流程如下：买入深度价外的看涨期权或看跌期权，选择较长到期日，可能是两到三个月后。

例如，如果 SPY 价格在 300 美元，而此时你看空该指数，你可以买入 1 张或者 2 张执行价为 225 美元至 250 美元的看跌期权，到期日为两到三个月后。因为看跌期权处于深度价外的状态，所以期权的成本很低，每张合约不超过 3 到 4 美元，有时甚至更低。

因为这种交易是一场豪赌，你很有可能会失去全部投入的本金。这就是要保持低投入的原因，保持每笔交易大约 300 或 400 美元。

我要再啰唆一句：这不是一个能够经常执行的交易策略，而且一般来说，最好只买入几张合约。如果 SPY 恰巧暴跌，回报将会非常可观。请记住，SPY 不一定要达到行权价才能获利。在 SPY 跌至每股 275 美元的情况下，期权利润也会很可观（取决于下跌发生的时间）。然而，这种交易获利的可能还是很小。

但很可惜，很多期权交易员会经常挑战剑走偏锋策略，只不过大都亏了钱。它们类似于在高尔夫比赛中一杆进洞，或者在赛马比赛中冒险押注——获利是可能的，但是概率很小。

总结：如果操作并不频繁，或者交易规模并不大，那么剑走偏锋策略是可行的。大多数情况下，最好执行本书中提到的风险较小、成功机会较大的交易策略。

逆势策略

如果你的择时无懈可击，那么逆势策略，也就是逆势而行，是可以成功获利的。尽管许多金融书籍，包括本书在内，都建议跟随趋势，但有时最好的获利机会反而来自逆势而动。

值得注意的是，许多从未用过逆势策略的人都认为，"没有人可以准确择时。"事实上，有些人可以做到择时交易，但从未有人说过这是件易事。不是所有人都能做到准确择时，但并不意味着这不能做到。大多数择时交易员使用技术分析来确定何时买入或者清退手中头寸，你也可以这样做。

有些时候，趋势交易和动量交易策略并不管用。譬如，如果牛市趋缓并最终转变为熊市，拉升则不会持续很久，更糟糕的结果可能是市场直接逆转方向。这时，逆势策略就会大放异彩。

目前两种最流行的逆向策略是"大幅飙升"和"骤然暴跌"，

我们在第六章已经讨论过。接下来，我将阐述这两种策略如何交易。

逆势策略：大幅飙升

我们之前提到过，任何个股或指数的大幅飙升意味着相关股票的上涨速度非常快，且价格涨至非常高的水平，所以在行情图上会显示出一条垂直线。大幅飙升可以发生在一天中的任何时候，但是在盘初，逆势策略是最有效的。

逆势策略往往首先出现在开盘前，所以当主要股票交易所开盘时，大幅飙升情况的出现并不令人惊讶。当 SPY 和 QQQ 在开盘飙升时，很多时候都会因无法维系升势而出现停滞。没有经验的动量交易员会试图追逐那些飙升的个股或指数，希望上升势头能够持续。

但很多时候，这种升势不仅会停滞，甚至会逆转方向。如前所述，这被称为牛市陷阱，即当处于牛市时，投资者认为个股或指数将继续上涨，但其实却会发生反转。很多人多头持仓被套，必须割肉才能脱身。

如果你的确发现了一只正在大幅飙升的个股或指数，逆势押注可能有利可图。与其像动量交易者那样追高，不如考虑进行逆势交易。这不会很容易，所以请在开始此类交易的时候保持较小的交易规模！

图 8-1 展示了一只个股大幅飙升、停滞并反转的行情截图。

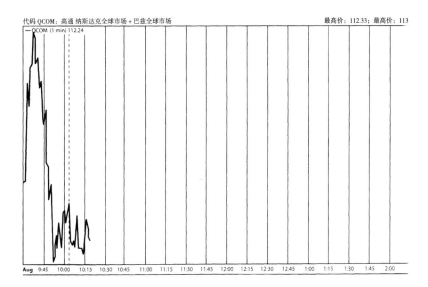

图 8-1　个股大幅飙升后反转

以下是几点观察：

1. 如果你使用逆势策略，要迅速落袋为安，通常要在几分钟内，因为获利可能不会持续很久。

2. 温馨提示：这是一种风险很高的交易策略，不要在受投资者欢迎但出现超买的股票上使用这个策略。那些热门股如果超买了，趋势可能加剧。

逆势策略：骤然暴跌

我们之前提到过，个股或指数的骤然暴跌意味着它们下跌非常之快，以至于你可以在行情图中看到一个垂直的下降趋势。和大幅飙升相同，尽管骤然暴跌可以在任何时候出现，但它在开盘后最为明显。

不过更有可能的是，盘前交易时，指数已经在暴跌了。开盘后暴跌的股票或指数可能会出现逆转，因为投资者相继进入市场，试图以较低价格在下跌时买入。

类比前面的情况，这是一个熊市陷阱，当看空投资者的看跌期权仍在获利，却突然逆转方向时，就会发生这种情况（图8-2）。这将做空交易者套牢在其空头头寸中，而此时市场正在反弹。他们只能惶恐地眼看着自己的利润被蒸发，或者立即采取行动试图挽回一些利润。

图8-2展示的是骤然暴跌反转的一分钟K线图。

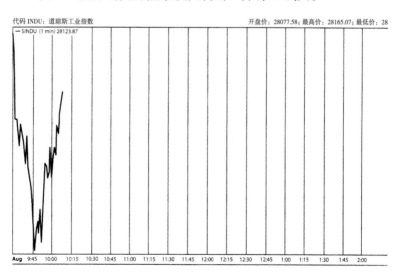

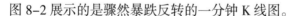

图8-2　道琼斯工业平均指数骤然暴跌和突然反转

以下是我的几个观察：

1.有一句历史悠久的至理名言："千万不要试图接住一把下落的刀。"如果一只个股或指数正在暴跌，要买在低点并不容易，因为它往往会不断走低。所以一定要迅速落实利润（如果在这种策略下的话，最好在几分钟内就卖出），因为市场可能稍后就会再次下跌。这个策略并不容易。

2.这种策略风险较大。如果你买入 SPY 或者下跌的股票的看涨期权，事实证明你的判断失误，那么你的损失将迅速成倍增加。

基础对冲策略

对冲策略很吸引人，它可以很简单，也可以很复杂。坦白讲，如果要讨论所有的对冲策略，我可能要重新写一本书。期权对冲策略包括贷项价差和借项价差、跨期交易和保护性看跌期权等。许多策略都有很花哨的名称，如铁鹰套利或蝴蝶价差策略等。

由于复杂的对冲策略超出了本书的范围，所以我在此只讨论一个这样的策略。正如我之前说过的那样，我认为你不应该在没有充分练习交易的基础上实施复杂的交易策略。

下面这个简单的对冲策略是经过我测试和研究过的一个策略。顾名思义，风险对冲是一种降低风险的交易策略。然而，你也可以利用对冲策略来获利。接下来，我们来讨论一种旨在创造利润的方法。

高波动性的跨式期权策略

我刚刚已经提到过，我竭力主张交易员们尽量不要在周末持有期权头寸（在你遵循本书策略的前提下）。但有一个例外，你可以打破规则。

如果你相信标的股票很快会有大幅波动，但在确定方向（上涨还是下跌）之前，你可能要考虑买入一个跨式期权。我称其为高波动性跨式期权策略，方便你记忆。进入跨式期权交易的最佳时机是当你认为股票将在不久的将来走高时。

譬如，在重大新闻事件或业绩报告之前，是可以买入跨式期权的。这些事件中的任何一个都可能影响市场或你的股票，只不过方向不定。所以，可以说你是在等预期期权价格变化大到即使双向波动也可以实现获利。

因此，买入跨式期权，意味着你可以同时拥有多空头寸（看涨期权和看跌期权）。期权标的股票的隐含波动率越高，你付出买入期权的成本就越高。为什么隐含波动率如此之高？可能是因为市场参与者对波动的预期更大。

但这个事情的弊端在于，如果你在预期已经很高的时候买入跨式期权，那么你就会面临消息披露之后波动性崩溃的风险。如果股价没有经历太大的变化，你的看涨和看跌期权都会亏损。

跨式期权的魅力在于，尽管并不是百发百中，但你有机会可以在两种走势下都赚钱。当新闻出乎大众意料，隐含波动率进一步增加时，就可以实现获利。当然，通常情况下，这种情况不一定会发生。

因此，要想获利，标的股票必须经历大幅波动。有时事情并不能得偿所愿，你就会因此亏钱。你必须多次进行测试交易，以了解期权定价在这些情况下的反馈。要做好记录，以便后面可以对各种情况进行对比。

所以，正如我们刚刚所说，跨式期权是一种仅可以在少数情况下使用的策略。更常见的结果是当隐含波动率下降，而预期事件未能导致股价大幅变化时，两个方向都会出现亏损。

简单单一股票策略

以下并非一个非常规策略，但它在牛市中一直很有效。简单单一股票策略是这样的：买入期权或买入处于强劲上升趋势的热门股票，这些股票被包括华尔街交易员和很多散户在内的许多投资者持有。以前这些热门股票包括苹果、亚马逊、微软、Alphabet 和网飞（Netflix），在未来，还会有其他的加入其中，而且许多股票股价会比前面这些更低。

在选择了一只具有巨大潜力的股票后，利用本书介绍的策略，买入它的看涨期权。如果市场如期而行，你会因此获利良多。

两个交易员的故事

我有两位交易员朋友。1 号交易员是一位拥有几十年经验的专业交易员，他专攻技术分析领域，在多个时间维度的行情图中标注了非常多技术指标和震荡指标。

他利用技术面分析来识别那些超买异常严重的股票，通常是科技股，他选择卖空它们或买入它们的看跌期权。同时，他也会买入稳定、低价、超卖的股票。

四年时间过去，我的专业交易员朋友利用他的逆势策略取得了小幅收益。他有 50% 以上的判断是正确的，但当他判断失误的时候，他的投资也会出现亏损。没有严格遵循规则，加之策略复杂，最终导致了损失。万幸的是，他也是一个风险管理专家，即使他判断失误，也从来没有出现过巨额亏损，但他也从未有过大额收益。

我的另一位朋友，2 号交易员，只是个业余交易员。他一开始尝试使用借项和贷项价差策略，但他经常感到迷茫和无所适从，就放弃了这个策略。

他对技术分析知之甚少，但他密切关注基本面以及关于他所交易的股票和期权相关公司的任何新闻。这时，他决定只关注一只股票，即亚马逊。利用本书提到的一些策略，他以 370 美元 / 股的价格买入了该股票的看涨期权，这个价格在当时看来很高。

我的这位朋友买了两个月后到期的平价看涨期权，他一直持有这些看涨期权，直到到期前两周才卖出头寸。他重复这一策略达四年之久。偶尔，他也会出现亏损，但当他发现手中头寸走弱时就会立即卖出。因为他在正确的时间选择了正确的标的，他只通过拥有一只股票的看涨期权就发了财。幸运的是，亚马逊在每次出现抛售后都会反弹。

事后再回看他买入之时，亚马逊的股价其实在相对低位，但在亚马逊涨到每股 3 500 美元之前，没有人知道它究竟有多低。"低"和"高"是相对的，只有一段时间过后，你才会清楚该股票的真实价值。

或者说，在看涨的市场环境中进行择股，选择短期或长期持有，就可以获得较为可观的收益。找到正确的标的是关键，但我的朋友也必须抵挡住其他数百只股票的干扰和诱惑，尽管有些看起来可能会让他大赚一笔。我的朋友只专注于一只股票，忽视其他所有的股票，这个坚持为他带来了巨大的回报。

当市场整体环境或个股处于强劲的上升趋势时，简单单一股票策略是有效的。如果你是在恶性熊市或盘整期间学到该策略的，那么你必须耐心等待这一时期结束，然后寻找最有潜力的强势股票，并随时准备好买入。只针对一只股票进行期权交易是需要遵守交易纪律的，但如果你明智审慎地选择，就会有极丰厚的回报。这些股票就在那里，但你必须通过仔细研究来挑选出最强劲的那一只。

重要的是，你并不需要使用复杂策略在市场中赚钱。如果你能只选一只股票，并确保这是一只有潜力的股票，你就可以通过买入期权或者个股来获利。

这就是使一些投资者在特定市场环境中获利的简单单一股票策略。我不喜欢买入并无限期持有的方式，但如果你使用时间止损和其他降低风险的策略，你就可以通过一次只购买一只股票的看涨期权来获利。

● ● ● ● ● ● ● ●

我们到目前为止介绍了不少知识，或许你会有些疑问。如果是的话，那么下一章应该能解答你的问题。

下一章是根据我收集的读者提问来写的，包含一系列关于测试交易策略和交易策略的问题和答案清单，请根据你的掌握进度自行跳过，只阅读那些对你最重要的问题。

第九章
问题与回答

这一章是为那些对测试交易策略仍有疑问的人编写的。如果你已经使用该策略一段时间了，这些内容可能看起来像要点回顾总结。如果你仍然不确定它是如何运作的，这一章对你应该有所帮助。我会在这一章逐一解答关于交易策略的问题。

关于测试交易策略的问题

以下是我收集到的关于测试交易策略问题的答案。请选择你感兴趣的问题自行阅读。

问题：为什么我应该在开盘前设置好测试交易？为什么不能在开盘后进行？

如果你想在开盘后设置测试交易，也不是不可以。在开盘前设置好测试交易的原因是可以节省时间。如果你在开市后进行交易，那么输入十来笔股票订单就要花费不少时间。

对于何时开启测试交易进行买入，这其实是个人的选择。关键是你要利用测试交易来寻找优胜股。这才是最主要的目标。何时输入测试交易单并不关键，只要是在开市前或开市后不久即可。

问题：我需要多少时间来每日设置好测试交易账户？

这个问题没有唯一的正确答案，因为每个人的节奏和效率都不同。如果你是期权交易新手，或者还没有开启第一笔交易，那你可能需要 15 分钟的时间来做 100 到 500 股股票的测试交易。同时，在开盘后马上就找到能够获利的股票也是很有挑战性的。

在测试交易账户设置妥当后，你会发现在账户中加入头寸所需的时间越来越少，有时候只需要几分钟就可以了。在其他时间，当市场即将暴涨的时候，可能需要 10 分钟来添加所有预计高开至少 1 点（或 1%）的股票。

越勤于练习，交易起来你就会越熟练。它可能不像实盘交易那么有趣，但花时间练习的交易员会比不费工夫的交易员获得更多的收益。

我的核心观点是：你在测试交易账户中进行模拟交易的每一天都是值得的，也都会让你受益良多。在我看来，使用模拟交易程序对于寻找优胜股或提高你的交易技能有百利而无一害。

在电影《龙威小子》（*The Karate Kid*）中，宫城先生一直说一句话："保持耐心，持之以恒。"这部电影讲的就是一些看似平凡不起眼的工作，如反复给汽车打蜡和磨光，最终可以让你学会空手道。期权交易也是如此。

问题：如果我没有足够的时间在盘前设置好测试交易账户怎么办？

你可能会认为这种例行程序需要每天花费不少时间，可能挤不出时间做。我可以理解。对很多人来说，他们可能确实没有空余时间在盘前做好测试账户的准备工作。一些交易员有其他工作，或者他们可能在忙其他事情，或者是要外出遛狗。哪怕在盘前花 10 分钟来设置账户，都显得如此困难。

如果你无法为当天配置完毕测试账户的头寸，摆在你面前的选项有几个。首先，你可以选择当天不交易，直到你腾出时间。给自己放几天假也无可厚非。

如果你没有时间在盘前录入你的测试单，可以开盘后再着手做。如果市场在盘前就有走高趋势，那么你极有可能一天能发现一到两只全天上行的优胜股（但是这个不能打包票，因为每天市场情况都不同）。

问题：能否告诉我要采用怎样的量化指标去寻找优胜股？

这是个很关键的问题，但其实很难回答，因为没有什么具体的量化指标能找到真正的优胜股，我们只能密切关注所谓的"利润趋势"。如果一只股票的获利不断迅速增加，并且你看到"利润上行"的趋势还会继续，那么这时你可以买入 5 张测试账户的看涨期权，如果形势不错，后面再买 5 张。

买入 5 张看涨期权后，应该密切观察该头寸。你手中可能此时有十几个甚至更多走高的股票。尝试识别出真正的优胜股。

如果模拟账户中的获利不断增长，而整个市场正朝着你判断的方向运行，那么你的期权头寸价值不断增长的概率会很大。获利上行，股票处于升势，你可能手握的就是真正的优胜股了，但在交易世界中，一切都不好说。

你要什么时候暂停观望并正式开始交易？这也是很难量化

的。通过密切观察，你应该找到那些上行势头较好的股票。你会查看行情图，确认标的股票处于上行趋势。但是有时候，事与愿违，你可能会选中一只后续乏力的股票。

但最终，你还是会从众多可选标的中遴选出佼佼者，那就是你要买进的那只。要保持耐心，直到你找到真正的优胜股，一旦你发现了，就在实盘交易中买入。

我要跟你讲句实话：识别出优胜股并没有那么简单。即使你账户中的利润正在因判断正确而不断增加，也可能会有突然的反转。当市场总体跟你的判断一致时，交易获利才会更容易。

此外，一些股票波动性较大，不好预测。如果你正在关注走势稳健的股票，情况自然理想，但往往走势最疯狂、波动性最大的股票会成为最终赢家。当你采取这种策略，或任何其他策略时，首要的是学会如何管理风险，以免因判断失误造成损失。

通过每日培训和对市场的研究，我相信你会越来越善于挑选出能真正脱颖而出的标的。不要指望在短短几天内速成，一夜之间变身专家。给自己一点时间。另外，如果你恰好是在牛市期间读到的这本书，那么锁定能给你带来最大利润的股票将会更容易些。在熊市或回调时，你需要付出更多的努力才能获利。

总结：关于何时才是正确的买入时点，很难给出具体的量化指标，但是一旦你发现某只股票或 ETF 在市场的加持下朝着正确的方向稳步发展，这很有可能你已经找到了优胜股。

　　问题：在使用测试交易策略时，何时是买入期权的最佳时机？

　　我在前面已经讨论过这个问题，但它十分关键，所以我们在此进行进一步讨论。

　　使用包括测试交易在内的任何策略，最难的都是决定何时买入。作为一名交易员，入场时点是你所做的重要的决策之一，但其实，很多交易员在决策时并没有过多思考。

　　也许我已经说服了你多进行测试交易，或许你已经比其他交易员更加审慎。而这样做的缺点是，你可能会错过一些获利的机会。这就是谨慎的代价。但是，我们希望在追求收益的同时将风险降到最低。我宁可错过潜在的利润，也不愿意损失真金白银。

　　当然，你可以通过技术分析手段来确认投资决策是否正确，尽管这不是必需的。无论使用哪种方法，核心思想是进入市场的时点要正确。不过，我们肯定都会犯错误，在错误的时点入场，或者考虑不周，这种情况时有发生。不过等到你交易得越多，积累的经验就越多。希望随着时间的推移，你总会学会如何在正确的时点买入正确的股票。

　　这容易做到吗？并不！每天都有新的优胜股和新的交易环境。当你自认为已经对投资有些头绪之时，市场就会迷惑和欺骗你，让你蒙受损失。

　　不过，如果你以一个有优势的价格进场，即使判断失误，损失通常也不会很严重。如果你在错误的时点，同时并没有争取到一个有优势的价位，则可能会损失惨重。虽然我不想再絮叨一次，但还是要提醒你，如果在正式交易前进行测试，可以让测试交易程序为你做入市前的探索，这不会花费任何费用。然后你就可以决定在那个时点是要进场还是要等待。

温馨提示：说到时间，通常可以尝试在开盘后一小时内找到优胜股，如果找不到，就可以在当天剩余时间内停止交易（很少有例外）。

问题：为什么在进行测试交易账户交易时只买入看涨期权？我更喜欢看跌期权。

这是一个很好的问题。显然，没有什么可以阻止你在某些交易日建立空头头寸。但根据我的研究，我发现每天进行多头交易的风险更低。

另一方面，在市场整体暴跌且很难找到可买股票的日子里，可能那时候才是买入看跌期权做空的合适时间。我发现当市场疲软下跌时，买入 SPY 和 QQQ 看跌期权比买入个股更容易。然而，如果我们进入漫长的熊市，情况可能会发生变化。

此外，每个交易者看待事物的方式不同，因此这是个人选择。那些愿意购买弱势个股看跌期权的人，也没有什么问题，但我仍需要使用测试交易账户对看跌期权买入做更多研究。尽管如此，准备购买看跌期权的人应该首先使用技术分析来决定进入或退出的合适时点。

问题：如果在测试交易账户中获得互相冲突的信息，我应该怎么做？当天应该交易吗？

这也是一个很好的问题，因为它时有发生。有时候，你确实会观察到背离信号，即 SPX（或 SPY）可能正在下跌而道琼斯工业平均指数不断上涨。其他情况下，行情图显示市场朝一个方向移动，而个股则相反。背离信号是一个警示，保险起见，在背离消失前，你需要轻仓交易或完全不要交易。

最终，当其中一个方向占据主要地位时，市场背离信号就会消失，虽然这可能要到第二天才会发生。最明智的做法是避免在市场信号和趋势不明确时进行交易，要保持耐心。

问题： 如何识别危险的市场环境？

如前所述，背离是一个警告信号，代表市场也许并不像表面上那样强劲（或疲软），反转迫在眉睫。

在每天花时间研究股市后，你将更善于识别危险的市场环境。当你开始识别出市场危急的苗头时，要明确遵守交易纪律，避免在当下的环境下交易。就像飞行员在恶劣天气迫近时不会飞行一样，明智的交易者会在条件不利时避免将资金投入市场。

随着你逐渐熟稔，你将会识别出危险（高风险）的股市运行模式，例如平盘吸筹或者崎岖之路。当在行情图中看到这些形态出现之时，你就应该知道当时不应该进行交易。

最重要的是，不要觉得自己必须每天交易。当你察觉到那些不可预测或者危险异常的市场状况时，就不要交易了。

问题： 我的朋友都是专业交易者，他们说模拟交易程序都是假的，根本没用。我该怎么回应？

如果提到"测试"这个词汇，许多专业人士会认为你指的是回溯测试，这是一种通过历史数据来评估策略的复杂且有争议的方法。请向他们解释，你进行的不是回溯测试。

不过话说回来，许多专业人士确实不喜欢使用模拟账户交易。他们认为这种方法毫无用处，且会误导自己。例如，他们会认为你买入了不切实际的合约数量，如 50 或 100 份合约。事实上你不会这样做，但专业人士可能认为你会这么做。

另一个大家不满的原因是，如果使用模拟程序，你就不会感受到损失真实资金的痛苦。这是事实。但是在本书中，测试交易的主要目的不是模拟实盘交易，而是寻找优胜股以及提供市场走势的线索。专业交易员可能不太会直接这么理解。

所以，当你谈论本书中的交易策略时，会被误解也是正常的。因为这些想法非常新颖，可能目前并不被大多数人接受。专业从业者也会对他们闻所未闻的策略表示怀疑。

你应该怎样向他们解释呢？也不用过多解释，但是，你要听一听你的专业朋友的意见，因为他们可能有关于技术分析的有用信息，可以提供市场方向的线索。

问题：我的专业交易员朋友说我在追随势头股，他说这是一种高风险策略。他说得对吗？

任何不了解趋势交易的人都会这样批评你。如果使用本书中的策略，你将会从一个大约 80 只股票的池子里进行选择，其中包括一些享誉世界、备受关注的股票。很多个交易日里，这些股票中的一只或多只会爆发性上涨。

在某些交易日里，你自选股清单中的某些股票可能会在开盘时大涨 7% 或 8%。不要追逐这些股票。相反，要跟踪它们的升势。在行情好的日子里，这些股票可能在早上开盘时仅上涨 1% 或 2%，但最终会上涨 4% 或 5%。这些股票才可以带来更多利润。

你用的是动量策略吗？我愿意把它称为趋势交易动量策略。仅仅因为有强劲的上升势能推高股票走势，并不是你拒绝交易的理由。

动量交易策略与你正在学习的方法之间的一个不同之处在于：与其追逐那些快速上涨的股票，不如使用本书中提到的策略，你可以在正式交易前先行测试。普通的动量（Momo）交易员不会先行测试，他们只会追高。他们认为测试交易需要花费太多时间。

总结：不要与其他坚持自己使用策略最好的交易者争论。每个人都认为自己的策略是最好的！无论这些策略是什么，你只需要使用适合自己的策略。但是，不要像你短视的朋友那样，拒绝学习新策略、新工具或新思路。

问题：我是否应该购买声誉不好的股票，即使它在测试交易账户中不断上涨？

与你的自选股清单中的股票不同，有时你可能想交易一只"成色不那么好的"股票，也就是日内交易者和投机交易者青睐的那种股票。这些高风险股票经常出现在我们的买入名单中，它们确实值得关注。

有一年，贵金属极不稳定；另一年是大麻股，还有一些年头里某些科技股风险很大。这些股票的其中一部分可能在你的自选股中。个人愚见，只要没有出现飙升，任何股票都可以作为你的标的股。

那么对于你问题的回答就是，是的，你可以买入波动较大的股票，但交易量要小，要记得见好就收。因此，如果一只热门股出现在你的测试交易屏幕上，请随时进行测试交易并对它保持关注。

一旦你决定在实盘证券经纪账户中进行买入，就要尽可能让更少的资金置于风险之中。比如，就像山姆在购买特斯拉期权时发现的那样，即使是一份飙升的高价股期权也可能花费大笔资金。如果风险太大，干脆就不要交易。此外，要考虑到最差的情况——尤其是要考虑你可能会损失多少，然后谨慎操作。

就我个人而言，我不会隔夜持有任何波动性极高的股票，但这个事情取决于你个人。有时候，势头股可能数日和数周都持续升势，这可能会带来不错的小额回报。我的建议是：无论发生什么，周五前卖出。

问题：我经常看到一只或多只股票整个上午都在走高。我应该在这只股票发生重大波动后再买入吗？

大多数情况下，答案是否定的。测试交易策略成功的关键是尽早进场，然后在当天晚些时候卖出以获得可观的利润。如果你真的错过了一笔非常好的交易，不要感到自责或沮丧。错失良机的后果总比入场太晚而产生损失要更轻一些。

问题：在锁定了优胜股后，应该在什么时候进行实盘交易？

这是一个重要的问题，但没有一个直截了当的回答。没有特定的时间节点或者利润金额会触发买入信号。你要认清现实——交易更像是一门技术，而非科学。

通过不断积累练习，并进行了几十次测试交易后，你会对何时应该下手买入有更准确的判断。你不会做到百发百中，但你会学到评估局势何时有利，以及哪些股票可能走势令人失望。

当测试交易账户的利润变多时，是时候进行实盘买入了。你还应该查看个股和整体市场行情图。当集齐所有手中线索，整体局势看起来不错时，你可以下单进行买入。如果你仍然不太确定，可以再进行一次测试账户买入，或者再等一段时间进行进一步的验证。

如果在正确的时间以具有优势的价格买入，你应该会由此获利。此时，要密切关注手中股票和期权头寸。如果你的分析是错误的，且手中头寸正在亏损，请应用时间止损和价格止损（基于你能承受的损失金额）法，避免出现更大的亏损。

如果手中头寸继续亏损，在你认为买入点并不明智后要立刻考虑卖出。然而，如果该头寸正在获利，请确定遵循好自己的交易计划，包括何时卖出（希望你在买入前就设定好利润目标）。如果你选中了持续获利的股票，收益可能会继续增加。尽管如此，在你决定卖出出场前，还是要密切关注该头寸。

问题：为什么会和如此多的交易机会擦肩而过？一直错过可能获利的交易，不会让您感到十分沮丧吗？

成为一个有纪律的交易员要求之一是控制好自己的情绪。这意味着不要贪婪或者恐慌。贪婪尤其难以管理，因为它会导致过度交易并承担太多风险，还会让你想要追随每一只正在大幅波动的股票。

要成为一个有纪律的交易员，你必须接受的事实就是，一次可以持有的头寸是有限的。你不能指望每一笔交易都能赚钱。事实上，在测试交易策略中，你只关注一或两个头寸，这同时也意味着让潜在的优胜股和潜在的获利机会从指尖溜走。

要锻炼自己不要担心或纠结你"本可以"用其他股票交易来获利，集中精力管理自己手中的头寸。有时，如果再坚持一周或者一个月，你就可以收获巨大收益——每个人都有一个本可以实现、本应该如何的故事，但你必须遵守你的规则，专注自己当前的交易，否则你只会思绪不宁。

有一种交易情况不仅会扰人心绪，而且会给你带来巨大的心理伤害。当你获得巨额利润的时候，你的交易账户余额会有所体现，但你忘记了卖出（无论出于何种原因）。这会让你付出精神上的沉痛代价——这也是为什么要及时获利了结，而不是任由贪婪作祟，迟迟不肯卖出。

我见过一些交易员，包括我自己，可能赚了2万美元、10万美元、30万美元，更有甚者一次赚了100万美元（我的一个朋友），他们在尚有机会的时候没有及时获利了结。而在任何情况下，到手的利润都有可能会烟消云散。对于几乎所有交易员来说，一笔巨额利润都可能会改变人生，如果没有好好把握住，那就太遗憾了。损失账户中的钱比损失那些你"本可以"拥有的利润要痛苦得多。

总结：不要纠结于那些你本可以获得的利润。相反，要专注于你账户中的实际利润。

问题：如果我使用您所述策略出现了亏损怎么办？

并不是每个人都会花时间学习并充分理解新的交易策略。测试交易策略需要每天早上开盘前花一点时间来设置。如果你遵循了这本书中的指南，但仍无法赚钱，不要沮丧气恼。

如前所述，你还可以使用技术分析法，这可能更适合你的交易风格。此外，如果交易并不是你的热爱所在，你也可以沿用传统的投资策略，而不是交易策略。对大多数人来说，投资是他们的主要策略，而交易是他们的次要策略。

无论采用何种策略，都要尝试评估亏钱的原因。是因为策略设计得不好，还是因为指标选择不靠谱，还是因为你有了过多失误？很少有人天生就是交易者。事实情况是，绝大多数人刚开始交易时都会亏钱。这也是为什么我说，宁愿在虚拟账户中亏损，也不要输掉真金白银。

重要事项：不是每个人都能通过交易期权赚钱，就像不是每个人都能成为飞机驾驶员、作家或音乐家一样。如果你用了本书中或者其他交易策略，但并没有由此获利，此时是可以停止交易的。

如果不能由此获利，也请不要把它放在心上。你可以考虑投资共同基金或指数基金，也可以聘请他人管理你的账户。最关键的是你必须了解自己，包括自己的长处和短处。如果你没有一定要成功的动力也没有习得相关技能，就不要试图强迫自己成为一名交易者。

问题：如果出现熊市怎么办？这本书中的策略仍然有效吗？

我很高兴你问了这个问题，虽然你很可能正身处熊市。尽管本书中的策略主要针对做多股市（买入看涨期权），但即使在恶性熊市中，也会出现"叹为观止"的强劲反弹（所谓的熊市反弹）。测试交易策略在出现反弹的交易日是可行的。即使熊市反弹持续的时间只有几天，你仍然可以使用测试交易策略。

但是，如果出现较长时间的恶性熊市，你有如下几种选择：

1. 在技术指标指向市场下行的日子里买入 QQQ 和 SPY 看跌期权，测试交易账户中缺乏获利标的的事实也印证了这一点。

2. 不要卖空股票，因为巨额亏损的风险太大。友情提示：不建议在实盘交易账户中卖空股票。如果你想与市场对赌，可以买入看跌期权。

3. 跟随趋势：当出现上升趋势时，买入看涨期权；当出现下跌趋势时，买入看跌期权。

要点之一是，你必须有足够的灵活性，当市场环境发生变化，整体走势也发生变化时，你也能随之调整变化。我所见过的一些最严重的亏损都来自那些不愿意随市场变动而随之调整的交易者。

坚持用看跌期权做牛市对冲的交易者损失最大。而在熊市中，由于市场持续下跌，那些坚持逢低买入的交易者也会产生亏损。

这是一个简单的想法，但是想要在市场中获利的话，就要跟随趋势。与市场趋势背道而驰不仅是艰难的，而且通常以灾难告终。为了加强记忆，你可以去听听那首经典歌曲"我与法律抗争"（法律最终获胜），把歌词改成"我与市场抗争，市场终将获胜"。

总结：最终，市场总会是赢家。也许你会觉得不公平，但市场永远会取得最终胜利，因为市场永远是正确的。这是唯一重要的观点。此外，市场从来都不是一成不变的，你也一样不能一成不变。无论市场环境如何，不断测试和实验，直到你找到行之有效的方法。

问题：优胜标的只会在早上现身吗？

使用测试交易策略，大多数情况下可以在开盘后不久找到潜在优胜股。这是你找到早起优胜标的的最佳时机，该时间窗口将持续整个上午，并有望持续一整天。

但是，有时候在一天中的某个时刻，一些股票会突然冒尖，跑赢其他股票。是否要买入这些后来居上者是个人选择。大多数交易员都簇拥着早期就显露头角的优胜股，他们往往没有足够的时间来关注后来居上者，所以，是否要全天观察市场寻找潜在优胜股，的确是个人选择。

你应该可以寻找到合适的标的，正如我之前那样，但如果你较早地捕捉到了优胜股，那么你获取最高利润的时段就是开盘后一小时。如果你在当天晚些时候寻找到合适标的，虽然也能获利，但可能更具挑战性，除非市场在下午积蓄力量上攻。这是某些交易日会发生的情况。

总结：交易的早晚由你自己决定，优胜股可能在一天中的任意时间浮现。

问题：您常说我们要再等一等。我应该等待多久，再正式进入市场交易？

如果使用的是技术分析法，你会选择技术指标和震荡指标来帮助自己确定买入和卖出的时机，这也是大多数交易者使用的方法。如果你采用的是测试交易策略，你主要的买入信号会出现在获利增加至预定金额时，这个金额是你来指定的。这也就是为什么你需要"等待和观望"。

此外，由于你也在使用时间止损，你的交易几乎全部在美国东部时间上午11：00之前进行（这只是一个指导建议，不是硬性规定）。因为很多交易员全天都会在买入期权，但在大多数情况下，你应该能够很快找到一只潜在优胜标的。此外，如果你是日内交易，那么你也很少会在下午开启一个新头寸。

那么你在等待的是什么呢？你等待的是所有信号都出现，而且最重要的是，等待从测试交易账户的自选股中有一只潜在的优胜股突出重围。当一只或多只这样的股票出现，并且整个市场如期而行时，你就可以开始交易了。

问题：我对您的策略感到有些困惑。为什么不低买高卖呢？

我认识的一位交易员曾告诉我："我所接受的交易训练正是让我低买高卖。我还被教导说利用期权赚钱的唯一方法是在隐含波动率低时，且在股票已经走高之前买入。你的建议是在股票正在走高，隐含波动率上升时买入期权。我会觉得这样是已经错过交易良机了。"

所以这就是我的答案：如果你已经熟练掌握了判断何时应该买入的技巧，那么请用一切可能的方法进行低买高卖。测试交易策略并不适用于所有人，但它确实增加了手中头寸获利的概率。

对于许多初学者来说，技术分析是让人困惑和难以理解的，或者更有甚者，在没有搞清这是什么的基础上就开始使用了。测试交易策略是确定优胜标的的另一种方法。你可以选择同时使用两种方法或是只使用一种。

这种策略可能不适合你，所以不要因为读了本书就觉得必须使用它。如果你已经在使用技术分析法（或其他方法）寻找潜在优胜标的，请继续使用适合你自己的方法。测试交易策略是专为那些可能被技术分析法所吓倒或由此感到困惑的交易新手而设计的。它很容易上手和应用，你只需要有一个模拟交易账户。

预测哪些股票会上涨是一种流行的策略，但往往无利可图，尽管每天都有许多人在做这种尝试。作为期权交易者，如果你对市场走势判断错误，亏损将会随之而来。测试交易策略鼓励你追随那些处于上升趋势的股票，而不是猜测哪些股票会走高。

你说得没错，你可能为隐含波动率付出了过高的成本。从某种程度来说，用这种策略购买期权也许并不划算，因为你可能要支付高昂的期权费。然而，当天卖出时，你很可能以同样高水平的隐含波动率卖出头寸。换句话说，这像是一笔洗仓交易。

如果你不喜欢买入热门势头股或追随趋势股，那么就不要把这些股票加入你的自选股清单中。

最后，与其急于批判这一策略，为什么不花点时间试一试呢？在某些股票走高的交易日中，如果"顺势而为"，买入升势中的股票，你可能会惊讶地发现自己能赚到钱，尽管你可能为期权支付了过高的期权费。

理论上来说，我们都希望低买高卖，但在现实生活中，除非你是一个出色的择时交易者，否则很难做到这一点。因此，与其试图预测哪些股票会成为优胜股，不如采用测试交易策略来寻找。

我并不是说这种期权策略适用于所有人，它可能确实不适合你。如果你已经有了一套行之有效的策略，那就请沿用它。除了测试交易策略，书中还有很多你可以参考的其他有用信息。

关于交易策略的问题

以下是有关交易策略问题的答案。希望能对你有所帮助。

问题：你提倡进行日内交易吗？

　　我不会单独推崇哪种交易策略，日内交易也包含在内。本书中，我介绍了各种策略，至于哪种策略适合你，是否行得通，都取决于你自己。有些人适合当天买入当天卖出，而有些人则更适合长期持有。没有一成不变的正确答案，因为每个人都是与众不同的。

　　很多人都知道，日内交易涉及在同一天开仓和平仓。而我们确实也经常在一天内买入并卖出，所以我们也是日内交易。然而，我们不使用传统的日内交易策略，即让你拼命买入和卖出几十个期权头寸以获取微薄的交易利润。

总结：只要策略适合你，就不要太纠结于这个策略的名称和标签。

　　问题：你能详细谈谈隔夜交易吗？是怎么实现的？

　　隔夜交易指的是隔夜持有期权头寸，你可以在接近收盘时买入看涨期权并持有过夜。当你相信整体市场或者个股第二天会上涨，就可以这样做。

　　也许你还记得我说过，如果要进行隔夜交易，通常选择的是看涨期权。持有看跌期权过夜的情况相对较少，因为赔率很可能对你不利——除非是熊市或市场回调。

　　在使用本书介绍的策略时，绝大多数情况你会在市价处于极端水平时卖出期权——这意味着在交易看涨期权时，会在接近市场高点时卖出；在交易看跌期权时，会在接近市场低点时卖出——这些都发生在同一天。

　　隔夜交易可以偶尔使用，但不能经常用。原因也很简单：没有人能预测第二天早盘会发生什么，而在期权交易中，如果你判断失误，那么持有至第二天就会产生亏损。不过，在牛市的市场环境中，隔夜持有看涨期权还是有效的。

　　问题：你说的周度交易是什么意思？

　　周度交易是指在周五收盘前卖出大部分（通常是全部）期权头寸。周度交易类似于波段交易，即持仓三到五天。

　　这个策略的重点是你不会掣肘于任何时间框架内。绝大多数情况下，你应该计划在同一天内清退期权头寸，但如果你在某个头寸上连连获利，你可能会决定持有这一周的剩余时间。这就是交易灵活性。

　　总结：养成及时卖出期权头寸的习惯。这样，你就可以轻轻松松度过周末，每周一早上神清气爽地醒来。

　　问题：我应该买入看跌期权吗？

　　经过我多年对看跌期权的测试和实践，我发现买入看涨期权比买入看跌期权更容易。不过，如果你打算买入看跌期权，通常交易 ETF 看跌期权（如 SPY 和 QQQ）比交易个股看跌期权的风险更小（不能保证一定如此，但经常是这样）。

　　在下跌趋势的早期阶段，看跌期权是绝佳的获利工具。在熊市或盘整期间，为看跌期权提供了绝佳的交易机会。

买入看跌期权的逻辑问题在于，整个金融市场都希望市场走高，包括投资者、金融机构、美联储以及几乎所有与华尔街有关的人都是如此。因此，在许多市场下跌的日子里，主要金融实体和交易者可能会选择逢低买入，重新杀回市场。这种情况并不经常发生，但其频率也足以让你提高警惕了。

很明显，有些专业交易员拥有高超的择时技巧，他们买入看跌期权并且收获了丰厚的利润。但对于普通散户投资者来说，想与重要的市场参与者做对赌，就应该从买入 ETF 看跌期权开始。

这之后，你可以练习买入个股看跌期权的技巧。我认识一些交易员，他们不断地（且顽固地）与某些处于上升趋势的股票对赌，只因这些股票超买了。接下来的事情你也知道了，这些股票持续走高。

股票超买的持续可能远远超出我们的想象。因此，仅仅因为超买就认为个股或者指数会下行往往是错误的。买入个股看跌期权是场很难打赢的战争。虽然在时机正确的情况下可以获得丰厚的回报，但对于大多数初学者来说风险过大。看跌期权就像烫手山芋——持有时间过长，你可能就要回吐获利。

温馨提示：在考虑买入股票看跌期权之前，首先要掌握市场的多方情况。

问题：我早盘交易取得了不错的收益，但现在又都亏损一空。我该怎么办呢？

没有什么比在已经实现获利的持仓头寸中亏钱更会打击你的自信心了。为了尽量避免这种情况发生，请密切关注你的持仓。买入到期日较短的期权后，如果收益可观，一定要寻找机会卖出。

有一条卖出准则要记好：如果之前获利的期权头寸价值跌至0美元或略低于0美元，那么就考虑卖出整个头寸。你可能会失去之前所有的收益，但至少你没有在交易中产生亏损。你还有机会通过其他期权或其他个股赚钱。

有些交易者可能认为，在触及0就卖出显得过于谨慎。如果你有这种想法，可以再等一等，看看曾经实现获利的头寸是否会反弹。但到了一天结束时，如果期权仍然处于亏损状态，最明智的做法就是卖出持仓，开始寻找其他机会。

交易提示：作为交易者，你不能单靠运气或希望来赚钱。当曾经的获利持仓开始亏损时，你必须采取行动。

问题：您说得像科学家那样去交易是什么意思？

这意味着你对所交易的相关股票没有感情或依恋。你要不带任何感情色彩，不偏不倚，只关注眼前事实，而不是凭借感觉或直觉。如果你正在采用本书中的策略，那么就让头寸的获利来证明自己吧。只要你认定它是一只能够带来获利的标的后，你不会在乎它具体是哪只。

当你像科学家一样交易时，你不会因为亏损而太自责内疚。

亏损也是获取知识的一种途径。此外，要像科学家一样，把你犯的错误和学到的教训记在交易笔记中。

问题：如果头寸获利，我应该持有多长时间？

这个问题和很多其他问题一样，没有正确答案。交易员会使用技术指标和价格目标来帮助决定何时买入或卖出。其他人会有帮助他们决策的另一套规则。

选择卖出获利头寸的决策并不容易。如果卖得太早，可能会错过卖出后产生的额外收益。许多交易者会自责并喃喃自语："我本应该持有更久的。"

在这种情况下，你已经实现了可观的收益，但如果你能持有更长时间，也许能赚更多的钱。大家应该还记得，在第一章中，山姆错过了卖出期权头寸实现获利的机会，当时他就是这么想的。可是事实是，一旦卖出期权，价格如何变化于你来说就不再重要了。

另一方面，如果你持有获利头寸的时间过长，可能你就会从浮盈变成浮亏。如前所述，盈利变亏损是交易者最痛苦的事情之一。这是一种精神打击。因为如果过早卖出一个已经获利的头寸时，你至少还能实现一些收益。

为了解决这个困境，当你已经实现较为可观的收益时，与其将它全部卖出，不如现在先卖出一半，等之后看情况再卖出另一半。这就是所谓的"分批减仓"。这种卖出策略之所以有效，是因为它实现了两个目标：锁定收益和降低风险。

总结：判断何时卖出获利头寸需要大量练习，但总的来说，要趁早获利，因为获益有可能就在你认为板上钉钉前转为亏损了。

问题：我持有网飞看涨期权，开盘时该股将暴跌10%。我很慌乱。下一步我该怎么办？

这是一个很糟糕但也常见的问题，尤其是在持有期权时间过长的情况下。当我书写至此节的时候，网飞这家传奇公司的股票在盘后市场下跌超过10%（由于其首席执行官对未来业绩的指导性陈述）。早上开盘时，任何持有网飞看涨头寸的人都将在股票开盘交易时蒙受巨额损失。

如果你持有网飞的股票，那么你可以持有更久，因为该股很有可能从这次小插曲中恢复过来，未来可能形势一片大好。这就是持有股票的优势之一：时间会证明你的选择是正确的。

但如果你拥有期权，情况就并非如此了。在这种情况下，你对到期日临近和不断衰减的时间价值无能为力。这就是持有期权会增加风险的最好例子。虽然你的损失不会超过你的本金，但在这种最坏的设定下，你很可能会损失一大笔投入本金。

那么你该怎么办呢？首先，如果你在开盘时持有大量亏损头寸，请不要惊慌。通常情况下，你会想快速抛掉正在亏损的持仓，但如果亏损发生在开盘，且期权已经几乎一文不值时，那么在卖出之前先等一等。

股价有可能在当天的某个时间点或本周晚些时候出现反转。但我必须承认，没有人能够保证它会快速恢复，弥补你之前的损失。

如果该股在本周晚些时候反弹，你可以趁机卖出看涨期权，以弥补一点损失。如果股价持续下跌，可能就已然来不及挽回你的亏损了。

我理解尽管你现在情绪激动，但不要做出任何不理智的举动。今天注定会比较煎熬，但如果你有耐心，网飞的股价有可能很快就会回弹。至于你的看涨期权是否保值，取决于你的执行价位和距离到期日还有多远。

总结：无论是持有看涨期权还是看跌期权，深陷亏损的情况都是很糟糕的。你会想要止损，但同时，你也不要在恐慌中匆忙抛售。

● ● ● ● ● ● ● ●

恭喜你已经阅读并学习了第三部分，我希望你现在对如何使用不同的期权策略寻找优胜股以及如何识别和应对不同股市的运行模式有了更多的了解。

在第四部分中，我将会向作为初学者的你们（或需要复习的资深交易者）传授期权基础知识，并介绍技术分析法。

此外，在第四部分中，你将了解到一位极具传奇色彩的投机交易者，杰西·利弗莫尔，以及他使用的一些交易策略。

第四部分

期权基础知识

第四部分旨在帮助期权交易初学者快速掌握期权词汇，并学习两个最常用、最有用的技术指标——移动平均线和相对强弱指标（RSI）。

　　这一部分还介绍了投机交易者杰西·利弗莫尔的生平和交易策略，他是最早使用趋势跟踪策略的人之一。

　　如果你以前从未开展过期权交易，或者需要复习一下，可以看一下第十章。如果你已经掌握了期权基础知识，可以跳过这一章。

　　但是，如果你是一个从未开设过期权账户的初学者，那这一章正适合你。我将告诉你如何入门，并向你介绍期权基础知识。

第十章

期权迷你课程

本章内容会有些不同，因为它是一门微型课程，旨在帮助任何期权知识有限的人熟悉相关词汇和其含义。

然而，如果你有时间读关于期权的书，我向你郑重推荐我的畅销书《走进期权》。这本书是为那些对期权交易知之甚少或一无所知，并渴望了解所有期权策略的人准备的，从入门到进阶的内容都有。

那么现在，让我们先学习一下买入看涨期权和看跌期权。

期权基础知识

如果你还没有交易过期权或需要快速复习，这个迷你课程应该能满足你的需求。本章的目的是帮助你充分了解期权，以便通读和理解本书的内容。

迷你课程的重点是帮助你熟悉期权词汇，以及带你开始第一笔交易。在使用本书中的策略或进行实盘交易之前，了解期权基础知识还是很关键的。接下来，我们就来上一堂期权交易的速成课。

开设期权交易账户

在正式开始前，我建议你可以在证券公司开设一个期权交易账户。开设过程不会超过 30 分钟，而且都可以在线上办理。

有很多证券经纪公司可供选择，但要选择一家拥有大量资产、可以实现快速交易执行和交易界面易于上手使用的知名公司。此外，要选择一位乐于助人的证券经纪人，你可以通过电话或当面沟通的方式与他交流。在交易期权时，有时你可能不得不与他人交流。

如果这个证券公司能提供模拟交易程序，那就再好不过了，不过即使不提供，你也可以使用网上的模拟程序。以后会有越来越多的证券经纪公司根据客户的需求提供模拟交易账户。

开设账户时，要让销售代表了解，除了买入股票，你还打算买卖看涨期权和看跌期权，这就是所谓的期权二重策略。买卖看涨期权和看跌期权的策略是我们将在本书中使用的主要策略。

为什么要进行期权交易？

期权是有史以来非常吸引人的金融工具之一，有很多用途。相当多的专业交易者使用期权来保护股票投资组合，但期权也可用于投机交易。在本书中，我们主要将期权运用于投机。

例如，许多交易者喜欢期权的一个原因是，他们可以利用期权撬动杠杆，赚取数倍于本金投资的收益。更具体地说，只需负担一小笔钱的成本，期权就能让他们有了控制超出自己能力的股票数量。

使用期权的另一大优势是风险可控。换句话说，期权买入者了解其经手交易中将会承担的最大损失。期权很受交易员欢迎，就是因为它们可以用作降低风险的对冲工具。

可是事情也有两面性，期权既可以让人"快速致富"，也可以让人一朝被"打回原形"。许多交易者都因为它大赚，而另一些交易者却损失惨重。本书会教你一直关注风险管理，所以损失会相对较小。

期权专用术语及期权特点

难点来了。如果你是期权交易的新手，迷你课程可能会让你感觉像是在学习一门新的语言，事实也的确如此。期权交易有其不同寻常的语言，至少一开始是这样的。一旦开始使用本书介绍的策略进行交易，你很快就会习惯这些专有词汇。要有耐心，给自己充分的时间学习掌握。

什么是期权？

所有类型的期权都是赋予你权利买入特定标的，例如个股的合约，但不具有必须买入的强制属性。虽然你有权买入股票（或ETF），但我们只是买卖期权合约，并不实际买入股票。

因为我们买卖的是期权合约而不是股票，所以成本比实际买入个股低得多。这也是期权如此受欢迎的另一个原因。

现在，我将向你介绍期权的专业语言，这会有助于你理解期权。

标的股票

期权合约（也就是我们要买的金融产品）只是一个账面合约，它赋予你买入或卖出某种标的（如股票或 ETF）的权利。因此，每份期权合约都与一只股票（称为标的股票）相关联。期权倚仗于标的股票存在。

并非所有股票都可以拥有期权。例如，仙股或每股低于 5 美元的股票通常不允许拥有期权。另一方面，那些极其知名、极其受欢迎的股票，如苹果、网飞、亚马逊、沃尔玛和麦当劳等，都有在交易所上市的期权。

在本书中，我们将买入和卖出交易量大的股票期权。这才是可以获利的标的，交易这些期权也会给你带来更多的交易机会。

期权公式

在交易期权之前，你必须知道一个公式：1 份期权合约 = 100 股股票。说明一下，1 份期权合约赋予你（期权所有者）买入 100 股股票的"权利"。因此，如果你买入或卖出 1 份期权合约，就相当于你买入或卖出了 100 股股票。在这个例子中，你实际拥有了 100 股股票的处置权。

再举个例子：如果你买入或卖出 5 份合约，相当于买入或卖出 500 股股票。在期权投资中，在决定买入或卖出多少份期权时，你将使用 100 作为乘数。

初学者常犯的一个错误是混淆了期权合约和股票。因此，他们可能会下单交易 100 份合约，而不是 1 份合约。你知道这意味着什么吗？这意味着他们试图买入持有 10 000 股相关股票的权利！当然，证券经纪公司会阻止这样的交易进行，除非客户的账户中有足够的资金。

不要混淆合约和股票：1 份合约 = 100 股股票。在本书中，你几乎总是要交易 1 到 10 份期权合约。即使在最理想的情况下，你也可能不会交易超过 20 份期权合约（相当于 2 000 股股票）。如前所述，避免期权投资深陷亏损的另一个方法是控制交易规模，这意味着一次交易 1 到 10 份期权合约。

看涨期权和看跌期权

期权有两种类型：看涨期权和看跌期权。对于这两种期权，你只能采取两种交易行为：买入或卖出。事实上，虽然从简单到非常复杂，有几十种期权策略，但它们都是基于买入和卖出看涨期权和看跌期权的不同投资组合。

看涨期权

看涨期权是一种看涨头寸，相当于做多股票。因此，当你买入某只股票的看涨期权，而该股票股价上涨时，看涨期权的价值就会增加。反之，如果你判断失误，股价下跌，你就会出现亏损

（因为看涨期权的价值下跌）。

买入期权的一大好处在于，你可以在不实际拥有股票的情况下从股价上涨中分得一杯羹，而且成本更低。你将在这里学到的大部分策略都可以集中用于买入个股或 ETF（交易所交易基金）的看涨期权。

看跌期权

看跌期权是一种看跌头寸，相当于做空股票。因此，当你买入某只股票的看跌期权，而该股票股价下跌时，看跌期权的价值就会增加，持有看跌期权就会获利。反之，如果你判断失误，股价走高，你就会出现亏损。

买入看跌期权的一大好处在于，在某些市场环境下，比如市场暴跌时，持有看跌期权的获利将会很可观。不过你继续阅读本书就会了解到，通过买入看跌期权赚钱往往更具挑战性。

这是因为整个金融行业都在押注股票和经济会继续上行。因此，本书中的大多数策略都是针对买入看涨期权，而不是看跌期权，但重要的是，你要学会如何交易这两种期权。

不要忘记一个事实：买入看跌期权比做空股票的风险要小得多。我不建议新手交易员卖空股票。如果你买错了股票的看跌期权，你最多只会损失看跌期权的期权费成本。这已经很糟糕了。但如果你做空一只股票，并且判断失误，那么理论上你的损失可能是无限的。

期权获利的秘诀

当标的股票或指数价格上涨时，看涨期权通常也会跟着上涨。换句话说，如果你选择的标的股票价格正在上涨，那么看涨期权的价值也会随之上涨。因此，当你认为标的股票将走高时，就买入它的看涨期权。

这个关系很关键，因为如果相关股价走高，其看涨期权也会走高。这就是期权获利的秘诀，也是本书策略的核心。

反之，如果你认为相关股价会下跌，就买入看跌期权。因此，如果标的股票或指数下跌，看跌期权的价值就会上升。

更为关键的是，期权获利的秘诀在于选择正确的标的股票。股票走势如何，期权几乎总是紧随其后。这就是期权获利的原理。我们在上涨的股票上买入看涨期权，在下跌的股票上买入看跌期权。

因此，如果你能找到一只上涨的股票或指数，并买入看涨期权，你应该就能获利。当你发现股价或指数走低时，就买入看跌期权。

但是，我并不想营造出期权获利十分容易的印象，因为事实并非如此。你的首要目标应该是在合适的时间找到正确的标的。

行权价

行权价是你有权利买入或卖出标的股票的固定价格。例如，如果一只股票当前股价为每股 102 美元，而你想买入这只股票的看涨期权，就必须选择一个行权价。

行权价就是你愿意买入 100 股股票的价格，你可以选择许多不同的价位。例如，像苹果公司这样的热门股票，行权价可能从5 美元一直到 200 美元不等（甚至更高）。行权价一般以 1 点、5点或 10 点作为增量。在本书中，我们通常会选择以 1 点和 5 点为增量的行权价，但这是个人的选择。

温馨提示：如果你是期权交易的新手，一开始可能会对这些概念感到困惑，但随着你进行更多的交易练习，慢慢就会融会贯通。

期权费

如果你是买方，期权费就是你为期权支付的价格。如果你是卖方，这是你卖出头寸收到的金额。就像拍卖一样，期权费在整个交易日中不断变化。如果你熟悉股票市场，期权费就是股票当前的市场价格。这是你为合约支付或卖出收到的价格。

温馨提示：期权费在期权交易账户中在合约的当前市场价格一栏中展示。

到期日

期权的另一个特点是，它总会到期。在某个特定的日期和时间，也就是到期日之后，期权就会变成一张毫无价值的电子凭据。重要的是要记住，期权会随着时间的推移而失去价值，直至最终不复存在。

一旦你买入了期权，时间就开始流逝。这就是期权的风险所在。与可以无限期持有的股票不同，期权合约总会到期。你必须意识到这一时间限制。

因此，在购买期权时，你不仅要对标的股票的走向有正确的判断，而且标的股票必须在期权到期前朝着正确的方向发展。交易者因持有期权的时间远远超过必要的时间而损失惨重。你不能掉进这个陷阱。

到期日是每份期权合约的组成部分。交易量最大的期权在每个月的第三个星期五下午美国东部时间 4 点到期。到期日到来时，如果标的股票价格没有如期而行，期权合约就会因为到期而一文不值（很少有例外）。

除了每月到期的期权，大多数热门股票也有周度期权。顾名思义，这些期权按周到期。

在本书中，我们只交易每月第三个星期五到期的月度期权。原因很简单：买入周度期权时，虽然成本较低，但时间周期太短，获利的难度很大。此外，很多时候周期期权的交易量较少。

尽管如此，如果周度期权交易策略符合你的需求，你还是可以自行交易它们。有时交易周度期权也是行得通的，但本书中我们只讲交易月度期权的策略。

在继续往下看之前，我们先来看一个如何选择到期日的例子：假设现在是 6 月 8 日，你想买入 YYY 股票的看涨期权。你可以从 YYY 期权的几个可选到期日中进行选择。我之前提到过，我个人建议选择距离当前日期一到两个月的到期日，在这个例子中的情况就是 7 月或 8 月。

6 月 17 日是下一个日期窗口（每月的第三个星期五），但在我们的选择标准下这个日期太早了。下一个月的到期日是 7 月 18 日，距离现在还有一个多月，比较合适。

温馨提示：到期日越长，期权成本越高。

平价期权、价外期权和价内期权

期权交易者使用"平价期权""价外期权"和"价内期权"来描述行权价与标的股票价格的比较。当读完本书后，你会对这些术语非常熟悉。

在下面的例子中，我们只讨论看涨期权。

平价期权（ATM）

当股票价格与行权价相同或接近时，此时为平价期权。因此，如果 YYY 的交易价格为每股 85 美元，那么所有行权价为 85 美元的期权都为平价期权。

没有确切的定义规定期权必须有多接近股价水平才被称为价内期权，换句话说，期权行权价不一定要正好在 85 美元的价位才是平价期权，也可以比当前股价高或低几美分。例如，如果

YYY 的交易价格为每股 90.25 美元，那么行权价为 90 美元的期权也是平价期权。

在运用本书策略进行实盘交易时，我们几乎选择的都是平价期权。不过在应用第二部分讨论的投机策略时会有一些例外。

价外期权（OTM）

当看涨期权的行权价高于标的股票的价格时，该看涨期权就是价外期权。例如，如果 YYY 的交易价格为每股 85 美元，那么行权价为 90 美元（或更高）的看涨期权就是价外期权。这个跟到期日是什么时候无关。

许多期权交易者亏损的原因之一是他们选择的价外期权几乎没有获利的可能。对我们来说，买入价外期权通常投机性太强（少数例外）。

举例说明：如果 YYY 的交易价格为每股 87 美元，行权价为 90 美元的看涨期权为价外 3 个点（看跌期权为价内 3 个点）。如果 YYY 的交易价格为每股 84 美元，行权价为 90 的看涨期权则为价外 6 个点。

价内期权（ITM）

当看涨期权的行权价低于标的股票的价格时，该看涨期权为价内期权。例如，如果 YYY 的交易价格为每股 87 美元，那么行权价低于 87 美元的下一个最接近的行权价就是 7 月到期的 85 美元的看涨期权。所有行权价为 85 美元或更低的看涨期权都为价内期权。

举例说明： 如果 YYY 的交易价格为每股 87 美元，而您
选择的是 7 月到期行权价为 85 美元的看涨期权，则该
看涨期权为价内 2 个点。如果你选择的是 7 月到期行权
价为 80 美元的看涨期权，那么它就为价内 7 个点。期
权越深度价内，行权价越低，期权费越高。

上述期权术语只表述了行权价和股价的对比。它们并不能说
明你的交易是否可以获利。随着对期权交易越来越熟稔，你会发
现买入平价、价外或价内期权都有合理的理由。重点是这些术语
与是否获利无关，只与行权价和股票价格的比较有关。

期权链

期权链涉及上面讨论的所有信息，它指的是某只特定标的股
票的所有期权及其当前期权费的详细列表。

期权链包含了你在录入期权单时会用到的重要信息。可以把
它看成是一张包含了重要细节的路线图，其中的大部分信息你可
能不会感兴趣，但它包含了你按照本书所教方法进行期权交易所
需要的一切有用信息。如果你是期权新手，需要花费大量时间研
究期权链。

每家证券经纪公司都在其网站上提供期权链信息。你也可
以在网上找到你想交易的任何股票的期权链。输入标的股票名称

后，期权链会按到期日顺序显示。

如上所述，除了到期日和行权价，期权链还会显示股票名称和股票代码、期权类型（看涨或看跌期权）以及买卖盘价格。

复杂的期权概念

许多人对如何确定期权的理论价值感到异常着迷。有些人过于专注于期权理论和数字逻辑，而忽略了如何在交易中实现获利。

虽然了解期权的数学原理很有裨益，但这并不是必需步骤。用我在《走进期权》一书中的一个比喻来说，就是你不需要知道发动机是如何工作的，也可以驾驶汽车。因此，你不需要完全理解最复杂的期权概念，也可以在期权交易中赚钱。

尽管如此，下面我还是要简要介绍有关期权的两个最重要、最复杂的概念，即隐含波动率和时间价值。

隐含波动率

如果在期权交易教学过程中对隐含波动率不加讨论，那实在是大错特错。这一迷人而复杂的特性是期权所独有的，投资者在买卖期权时，尤其是在投机交易时，应始终将其考虑在内。

现在，我将简要介绍一下隐含波动率，让大家对这一概念有一个基本的了解。不过，要想充分理解隐含波动率，请参考其他书籍，包括我的上一本书。

隐含波动率是金融市场中极复杂的概念之一，但你仍然可以在不完全理解它如何影响期权的情况下进行交易并赚钱。尽管如此，我还是鼓励你对此多加了解。以下是关于隐含波动率的概述。

理解隐含波动率

隐含波动率是期权而不是标的股票的属性。它对期权费（期权在市场上的交易价格）有很大的影响。

期权价格受多种因素影响。这些因素包括：

1. 标的股票价格的变化

2. 行权价

3. 期权类型：看涨期权或看跌期权

4. 市场利率

5. 股息

6. 到期日前的剩余时间

7. 隐含波动率

期权的价格取决于上述所有七个因素。有些因素比其他因素更为关键，但所有这些因素都会影响期权的价格。前六个因素影响很直接。然而，第七个因素，即隐含波动率，是期权定价中最重要也最不为人所知的特征。

隐含波动率作用巨大，有时会极大程度地影响期权的价格。当隐含波动率上升时，期权的价格就会上升；当隐含波动率下降时，期权的价格就会下降。

在重大事件（如美联储会议或重大金融公告）发生之前，市场上的隐含波动率会上涨，甚至会飙升。因此通常在此类事件发生之前，期权价格会上涨。

坏消息是，一旦事件落地后，隐含波动率就会下降，期权价格也随之下降。这让许多期权持有者感到困惑，因为他们的股票上涨了一个点左右，但看涨期权的价格却下降了，这让他们蒙受了交易损失。

因此，隐含波动率在期权链的报价栏中以百分比显示，它只是市场认为的（或隐含）期权的价值。它告诉你市场愿意为该期权支付多少钱。你可以通过查看期权链来确定当前的隐含波动率及其对期权价格的影响程度。

当隐含波动率较高时，意味着交易员买入期权的紧迫程度较高。当期权出现供不应求的情况时，期权费就会被推高。与任何一个金融投资工具一样，需求增加意味着价格上涨。期权买家愿意为期权支付更高的价格，因为标的股票可能在不久的将来出现大幅价格波动。

因此，需求量大的期权（因为标的股票需求量大）价格上涨，这意味着隐含波动率在上涨。另一方面，当期权需求较低时，期权价格和隐含波动率会呈下降趋势。

通用电气或沃尔格林等标的股票的隐含波动率较低（因为对该股票的需求较小），这是因为这些股票期权的需求不够紧迫，买盘较少。人们对这些期权的需求并没有那么高。

顺便说一下，隐含波动率的高低与公司的价值无关，它只是反映了交易者和投资者为某些期权愿意支付的成本。如果你对此感到不解，不要担心——这是期权最容易被误解的特征之一。

不过，如果使用本书中的方法买入看涨期权，你可能会买入交易波动性较大的股票，而不是波动性较小的那些——那些股票在交易日开盘时可能波动最大，而这就是我们感兴趣的股票。

一方面，你想买入波动性大的股票的期权；另一方面，你又不想付出比期权价值更高的代价。

毫无疑问，波动性大的股票期权比波动性小的股票期权成本要高。这是如此呢？因为它们的隐含波动率更高。因此，在交易时了解隐含波动率是否处于合理水平至关重要。如果幸运的话，你可能会买到飙升或者暴跌的股票期权，而你付出的额外成本并不会那么高（虽然你可能会为其隐含波动率支付更高的费用）。

只要你没有超额支出很多（因为隐含波动率不会比平时高出太多），就应该没有问题。最重要的是，在交易期权之前，你必须对隐含波动率如何影响期权价格有一个基本的了解。

温馨提示：如果你进行的是日内交易，隐含波动率就没有那么重要了，因为在你买入和卖出期权之间，隐含波动率基本上是不变的。如果你持有期权的时间较长，随着时间的推移，隐含波动率可能会发生重大变化，给你带来意想不到的收益或损失。

为什么理解隐含波动率很重要？

任何不了解隐含波动率的人都不能理解何时或为何期权会有

高企的期权费（为期权支付的价格）。例如，每份期权合约的价格可能是 8 美元或 9 美元，而不是 4 美元或 5 美元。

不了解隐含波动率给许多新手交易者带来了很多痛苦。或者说，他们为期权支付了过高的价格，因为他们可能没有意识到隐含波动率已经飙升。他们最终以一个毫无优势可言的价格买入了期权。

如果你不了解如何获知期权的合理价格，就很容易被套牢。也就是说，即使标的股票向正确的方向运行，如果它波动得不够明显或速度不够快，你仍然可能亏损。这就是为什么数以百万计的交易新手想不通为什么他们在交易中亏损了，即使期权处于价内状态，且朝着正确的方向移动。

他们之所以亏钱，是因为他们为抬高的隐含波动率付出了过高的代价。通常情况下，当隐含波动率处于"合理"区间时，期权费的报价会相对合理，但如果即将发生的事件导致隐含波动率走高，那么期权价格就会随之拉升。

如何避免我们为期权支付过高的成本？随着慢慢积累投资知识和交易练习，你会了解什么是合理的期权价格。

有时你可能会下定决心支付较高的成本，但只有你自己才能做出这样的选择。你应该不想为期权支付了过高的价格而不自知。这就是许多期权买入者产生了亏损和对交易失去信心的原因。

温馨提示：一旦即将发生的事件告一段落，隐含波动率就会下降，期权价格也会随之下降。

时间价值

除了隐含波动率，时间价值是另一个极其重要的期权特征，因为它也以自己的方式在影响着期权价格。时间价值指的是期权合约到期前的剩余时间。任何不了解时间流逝如何影响期权价值的人都注定会产生亏损。

你已然了解，一旦买入期权，时间就会站在你的对立面。随着时间流逝，期权价格开始下跌。离到期日越近，期权贬值的速度越快。

一旦你买入了看涨期权或看跌期权，时间流逝，期权的价值就会下降。如果你持有期权的时间过长（以天数计算），就会影响你持有的已经获利期权的利润。

为什么期权会随着时间的流逝而贬值？随着期权临近到期日，标的股票向正确方向波动的时间越来越少。具体来说，随着到期日的临近，股价优于行权价的机会也越来越少。

在期权到期前的最后 30 天，时间价值变得愈发明显。例如，如果将 2 个月到期的期权与 3 个月或 4 个月到期的期权进行比较，你会发现 2 个月到期的期权价值由于时间价值递减而降低。而到期日较长（例如 3 个月）的期权最开始时间价值衰减要慢得多。因此，如果你买入一个到期日为 3 个月后的期权，其期权价值也会下降，但不会那么快。

随着到期日的临近，期权会迅速贬值。当到期日只剩下几天的时候，时间价值会下降得更快；当到期日到来时，所有的时间价值都会消失。

在两种情况下时间价值会消失：到期日已到，或者期权深度价外，几乎一文不值。最重要的是：到期日时，期权的时间价值为零。

技术要点：尽管时间的流逝会对期权价格产生不利影响，但更重要的是标的股票要朝着正确的方向移动（看涨期权标的股价走高，看跌期权标的股价走低）。

为什么理解时间价值很重要?

许多交易者之所以亏钱，是因为他们持有看涨期权或看跌期权的时间过长。他们因为不了解时间对期权价格的影响，一直持有亏损的头寸，结果只能眼睁睁地看着期权价格暴跌。

由于时间价值的存在，通过使用本书中提到的策略，你要选择距离购买日至少一个月的到期日，或者最好是两个月。到期日越长，你的缓冲空间就越大，期权费下降的速度就越慢。

温馨提示：以上所说的都是指买入看涨期权和看跌期权的人。如果你使用其他策略，比如卖出备兑看涨期权，时间是一个有利因素。当你卖出备兑看涨期权时，你将股票借给期权买方。对于那些想收取而不是支付期权费的人来说，备兑看涨期权策略是非常好的选择。在波动率较低时，可以考虑采用这个策略。我在《走进期权》

中对卖出备兑期权进行了详尽的解释，当然你也可以阅读其他书籍，或者通过许多在线资源去了解这一策略。

期权行权：你的买入权

如果你以前从未进行过期权交易，那么你必须知道一些重要的事情。作为期权买方，你有权进行看涨期权（或看跌期权）的行权。当看涨期权买方行使看涨期权时，他有权通过支付行权价买入标的股票。

你要清楚的是，你有权行使期权——其实就是你有权以行权价买入标的股票。这是一种选择，不是必须如此。事实上，你可能永远不会行使期权。使用本书中的策略，当你不想继续拥有期权时，就可以计划卖出期权。

当你行使看涨期权时，你用1份价内看涨期权换来100股股票。你有权在期权到期前的任何时候行使期权，但行权的人几乎总是在期权到期日行使期权。

自动行权

行使期权可能看起来比较令人困惑。那么现在，让我们拨开迷雾，去关注了解一下关于这项重要权利（即买入标的股票的权利）的基础知识。

　　首先我要说，我并不建议持有期权至到期。如果你接受这个建议，那么你就不必担心行权问题。根据本书所介绍的策略，你会在到期前卖出看涨期权，而且通常是在买入后的当天、第二天或最多一周内卖出。

　　如果你粗心大意，或者你恰好在度假，忘记了自己拥有期权头寸，没有赶在到期前卖出看涨期权或看跌期权，可能就会出现问题。期权即使只处于 1 便士价内状态（0.01 美元）或更多，它就会被自动行权。

　　行权后，你就会拥有 100 股股票（如果是看涨期权）。这就是自动行权规则，且该规则的执行非常严格。自动行权可能甚至会导致追加保证金，迫使你在第二天卖出股票头寸。你是不会希望这种情况发生的。

　　换句话说，如果你持有的任何处于价内的期权，并且一直持有到到期，你的证券经纪公司就会自动帮你行使期权。

　　这也就是说，如果你持有 5 份行权价为 100 的 YYY 看涨期权，并一直持有至到期日（YYY 到期日收盘价为 100.01 美元或更高），那么这 5 份看涨期权就会变成 500 股 YYY 的股票。根据自动行权规则，你需要买入价值 50 000 美元的标的股票。不要惊讶，我没写错。

　　虽然你的看涨期权可能只值 5 美元或者 10 美元，但如果行权，你会突然发现自己拥有价值 50 000 美元的股票。这就是小额风险头寸如何变身成为大额风险头寸的过程，同时也是期权投机的魅力和危险所在。

一方面，你只需付出几千美元，就可以拥有成千上万金额标的股票的控制权。只需较小的代价，无须巨额投入，你就可以在标的股票的上涨（或下跌）中分得一杯羹。这就是期权的美妙之处。

另一方面，风险在于，如果你不能清楚知道自己究竟在做什么，任凭价内期权到期，期权自动行权，你就必须负担这些股票的成本。（顺便说一下，如果你持有的期权到期还是价外状态，那么它到期就会一笔勾销，一义不值。如果出现这种情况，届时你将一无所有。）

避免自动行权最好方法是及时卖出期权，永远不要持有至到期。这也是本书讨论短期期权交易策略的一个原因。

如果你不完全理解上述信息，我建议你阅读更多关于期权的书籍，并在测试交易账户中不断练习，直到你理解交易的风险和回报为止。

买入看涨期权的过程

现在，你已经了解了期权的基本术语，我们就来看一下在证券经纪账户中买入看涨期权的过程。

准备买入看涨期权

以下是买入看涨期权的分步指南。在这个例子中，我们将使用上面提到的所有词汇，这样你就可以看到我们是如何应用它们的。

1. 你必须开立一个证券经纪账户，并特别说明除了交易股票之外，你还想交易期权。你应该说明你想买入和卖出看涨期权及看跌期权，以及二重期权策略。

2. 假设你有兴趣买入标的股票为 YYY 的看涨期权。买入看涨期权时，你应该是相信 YYY 股票将会在不久的将来上行的。现在是 4 月 10 日，YYY 的当前价格是每股 87.25 美元。

3. 在买入 YYY 之前，在行情图中再看一下该股票的走势。乍一看，你应该会发现该股票处于上升趋势，并且正在走高，而且你相信 YYY 日内将继续走高。

4. 当你查看期权链时，注意到行权价为 87 美元的期权的买入价和卖出价分别为 2.79 美元和 2.81 美元。该期权在一个月后，即 5 月 18 日到期。如果你买入一份看涨期权，价格应为 281 美元。如果买入 5 份看涨期权，则需支付 1 405 美元。请牢记于心，1 份期权合约 = 100 股股票。温馨提示：87 美元行权价是平价状态，这意味着行权价与股票价格几乎完全一致。

5. 你也可以以 85 美元的行权价买入一份 YYY 的看涨期权，价内大约 2 个点。因为它在价内，所以买入该看涨期权的成本更高。行权价为 85 美元的期权费是买价 4.45 美元卖价 4.50 美元。这意味着如果你想买入一份 YYY 看涨期权，需要花费 450 美元，即采用卖出价计算（较高的价格）。

6. 如果你想买入一份价外 YYY 看涨期权，买一份行权价为 90 美元的看涨期权成本显然要低得多。买入价和卖出价分别为

1.54 美元和 1.56 美元。然而，YYY（目前的交易价格为 87.25 美元）必须走高才能获利。

进一步说明：随着股价走高，看涨期权的价值增加，价内期权比平价期权增值更快，而平价期权又比价内期权增值更快。要了解期权价格的变化幅度，可以学习希腊字母。比如，这里提到的希腊字母是 *delta*。

买入看涨期权

我相信，当你进行过几周测试交易后，会更容易理解期权。千万不要忘记本书中最重要的一条规则：先进行测试交易，再实盘交易。

在测试交易账户中进行交易练习之前，无论如何都不能直接开始实盘交易。在你还不了解自己在做什么，也没有经过适当的培训之前就买入期权，这样肯定会产生亏损。

1. 再帮你加强一下记忆：现在是 4 月 10 日，YYY 的交易价格是 87.25 美元。你相信 YYY 在未来几小时或几天内会走高，因此想买入看涨期权。在交易之前，首先要选择一个行权价和到期日。

2. 由于现在是 4 月 10 日，我们选择 5 月 17 日（即 5 月的第三个星期五）作为到期日。

3. 接下来，我们选择一个行权价为 87 美元的价内期权。在实盘交易中，我们最常选择的是价内期权。选择价内行权价的期权，即使 YYY 小幅上涨，我们也有很大的机会获利。没有所谓最好的期权，但就本书所使用的策略而言，在进行实盘交易时应选择价内行权价的期权。

4. 现在，我们可以准备开始了。买入一份 YYY 看涨期权，行权价为 87 美元，到期日为 5 月 17 日。当前期权成本为 2.81 美元，总成本为 281 美元。

5. 录入订单信息时，在证券交易屏幕上选择买入开仓。（当你准备卖出进而实现获利时，要选择卖出平仓。）记住要使用限价单进行买入。

温馨提示：进行实盘交易时，只能使用限价单。只有在测试交易账户中练习交易时才使用市价单。

按下回车键确认买入后

一旦按下回车键确认买入后，订单就会发送至期权交易所。你要知道，限价单并不总是能立即成交。假设现在订单已成交，你现在完全拥有了一份在 5 月 17 日收盘时到期的 YYY 看涨期权。YYY 股票走势越高，你的获利就越多。如果 YYY 走低，你就会产生亏损。我们买的是期权，所以如果要实现获利，要尽早落袋为安。这并不意味着你必须在短短 5 分钟内离场，但你最好不要持仓过夜。使用本书中的策略，有些情况下你可以持有更长的时间。

你已经买入了第一笔期权，最困难的部分从现在正式开始。你应该有规划地密切监控期权头寸，并准备在条件允许时卖出头寸。这可能意味着在 YYY 大幅走高时获利了结，或者在 YYY 走低时及时止损。

建立测试交易账户：一些观察

现在，你已经了解如何买入看涨期权了，请继续阅读本书剩余的部分，但首先请抽时间读一读以下关于建立测试交易账户的几点观察。

1. 如果你的证券经纪公司无法提供测试交易账户（也称为模拟交易账户或纸交易账户），有许多第三方供应商可以免费提供测试交易服务。使用测试交易账户练习交易对于你的交易练习很有用，但即使没有，你仍然可以使用本书中的交易策略。

2. 测试交易账户将完全模拟实盘交易账户，只是你不会产生真正的利润和亏损。在本书中，我们会使用测试交易账户来寻找交易的优胜股标的。

3. 每个测试交易账户都不尽相同，但通常都可以设置任意投资金额。你每天都要用大额虚拟货币进行多次测试交易，所以最好能将交易金额设置为 500 万美元以上。这并不意味着我们要用这么大的金额参与交易。我们只是用这部分资金来寻找优胜股。因此，不要被百万美元的虚拟投资金额干扰。

4. 温馨提示：有些证券经纪公司会限制你可以使用的测试交

易金额，但有额度限制也没关系，你只需要相应在测试账户买入更小金额的期权即可。

● ● ● ● ● ● ● ●

恭喜你学习完了期权迷你课程的第一部分，如果你对期权的唯一了解就是刚刚读到的内容，你可能会觉得有些摸不着头脑！不过不用担心，因为当你开始进行交易练习之后，一切就会变得越来越容易，就像开车一样，熟能生巧。

期权新手问答

现在你至少掌握了如何买入期权的基本知识，在继续学习之前，请阅读以下问题。下面的答案应该能帮助你更好地理解期权。

问题：我需要多少本金才能使用本书中的策略？

这是大多数初学者首先会提出的问题之一，产生如此疑问也很正常。在大多数证券经纪公司开立期权账户都只需要很少的预付资金。因此，你没有必要立即为账户注资。

但最终你还是会需要一些资金才能在实盘证券经纪账户中进行期权交易。一般来说，当你准备交易时，账户中最好至少有 1 000 到 2 000 美元。要注意的是，如果你的账户中的资金少于 25 000 美元，经纪公司会限制你的账户在五天内只能进行三次日内交易。

如果你进行了第四笔交易，证券经纪公司就会将你标记为惯性日内交易者，并要求你的账户中至少有 25 000 美元，否则你将会在 90 天内被禁止交易。

即使你账户中的资金少于 25 000 美元，你也可以使用本书中的策略，只需控制在五天内进行三次日内交易即可。这需要你对交易进行更多筛选，但这并不是坏事。所以，如果你的账户中用于交易的资金不足 25 000 美元也不必担心。这不会妨碍你进行期权交易。

你可能想知道美国金融业监管局（FINRA）为什么要制定日内交易规则。该规则于 2001 年底获得批准，当时有数百万计的新日间交易员辞去本来的工作成为交易员，却在当年早些时候市场崩溃时损失了自己大部分的本金。

其中许多交易员利用保证金将其交易账户的规模和风险扩大了一倍。一旦市场崩溃，这些并不专业的日内交易者就会发现他们亏了个底朝天。就在那时，美国金融业监管局制定了日内交易规则，只允许资金充裕的交易者不受任何限制地进行交易。

问题：如何找到最适合期权交易的标的股票？

这是很多初学者都会问到的问题，也是一个很重要的问题。众所周知，市面上有如此多的股票可选，但要找到适合期权交易的标的股票却是一项很大的挑战。许多交易新手会寻求朋友的建议，从财经刊物中获取灵感，或者登录在线交易相关网址浏览他们的荐股清单。

要找到适合自己的标的股票，请阅读本书第二部分。读完之后，你便能了解如何建立和使用测试交易账户以及如何寻找优胜股。

问题：我每天都能通过期权交易赚钱吗？

答案很简单——不行！人们希望每天都能赚钱，但这不是个合乎情理的期望。我们的目标是管理风险，在失误时减少损失，在判断正确时增加收益。你希望收益是可观的，来证明你所承担的交易风险都是值得的。这也就意味着在行情好的交易日里进行交易，同时避免在风险较高、胜算不大的交易日中交易。

要牢记于心的是，市场是一个每天都要努力解开的谜题。它不是一个普通的谜题，而是类似于一个有多种问题和解决方案的魔方。如果择时和择股失误，你就会产生亏损。

你很难抓住市场的每一个转折点，所以有些时候就不要交易了。等到条件对你有利的时候，你就不必费力费尽心思寻找好的标的以实现获利了。此外，不要忘记期权是一种消耗性资产，时间的流逝会相应减少获利。当盈利目标达成时，你必须要选择退出。在这一点上，期权交易与股票交易截然不同。因此，要谨慎采取"再等等盈利资产"的策略，这种策略仅适合于交易非消耗性资产（例如股票）。

问题：交易期权能赚多少钱？

这个问题经常被问到。我建议你与其关注每天或每周能赚多少钱，不如专注于寻找一个能够获利的优胜标的股票，以合适的价格买入，妥善管理仓位，然后获利了结。获利金额的多少并不重要，重要的是你赚到了钱。

起初，你的目标可能是如何持续获利，但想着每天都可以获利是不现实的。如果一直专注于获利，你可能会犯典型的新手错误，即在熟悉交易之前就投入了过多的钱。

这就是期权交易声名狼藉的原因。一开始要控制交易规模，这样你承担的风险才会小，相应的获利当然也会少，但要接受这一点。这样，你就可以在不冒太大风险的基础上获得宝贵的经验。

此外，进行小额交易，你的情绪内耗就少，这是成功交易者的关键特征之一。你可能会发现，随着你投入的资金越来越多，你会变得越发情绪化。这就是要专注于成为一个更优秀的交易员，而不是专注于能赚多少钱的另一个原因。

总结：不要纠结于每天或者每周想要或者需要赚多少钱。如果陷入了这样的执念，你很可能会过度交易，这是常见的亏钱方式之一。另一种亏钱的思路是在一笔交易上投入过多资金。如果你违反了上述任何一条规则，请停下来问问自己：我到底是在交易还是在赌博？

问题：如果已经有一份全职工作了，我还可以交易期权吗？

这是想交易却没有时间的人经常关心的问题。对于大多数人来说，答案是否定的。如果你坚持要尝试，请使用长期策略。你必须对自己的交易谨慎又谨慎，而且不要想着日内交易了。在全职工作的同时进行日内交易，对你所在的公司和管理的交易账户来说都不公平。

你还可以利用一切空闲时间进行交易练习，这样当你可以腾出空或者找到另一份工作时，你就会知道如何交易。与此同时，可以考虑买入并持有股票或指数基金，直到你有时间进行交易。

总结：如果你有一份全职工作，那就好好保住它。

问题：我买你的书是因为你说我可以通过期权交易赚钱。我有很多账单要付，需要快速赚钱。我该如何开始？

如果你是因为想快速赚钱或快速致富而进行交易，你会失望的。想要在期权交易中赚钱，需要接受期权知识教育，还要有耐心并遵守交易纪律（有一套指导方针和计划，并且好好遵守）。最重要的是，这一切不能一蹴而就，所以想要快速致富并不现实。

依靠期权市场支付账单或买礼物的想法是错误的。市场不是自动取款机。要想在期权交易中持续赚钱，需要大量的努力和学习。

我永远不会忘记我收到的一位70岁老人的来信，他说他没有足够的钱生活，需要赚钱来支付账单。这就是他有兴趣学习利用期权快速赚钱的原因。我告诉他这不是个好主意，希望他能听进我的建议。

老实说，有些交易者从未在期权交易中赚到过钱。你应该知道，交易股票已经够难了，而交易期权更具挑战性。关于交易期权的胜率并不很乐观，你需要提前了解这一点。

不过好消息是，如果你接受了恰当的培训，就可以学会在期权交易中赚钱（否则我也不会写这本书）。仅仅参加为期两天的课程或仅仅阅读书籍（即使是这本书）也是不能直接学会的。你必须豁出去，用真金白银进行实盘交易，但如果条件允许的话，先从测试交易账户开始练习。

总结：想要获利没有错，但不要试图用交易期权来快速实现这一目标。慢慢来，学习如何正确交易并管理风险。

问题：什么是最佳期权策略？

没有一种策略适合所有交易者。换句话说，没有所谓的"最佳"策略。有些交易者喜欢当日交易，有些交易者喜欢周度交易，还有些交易者持有期权的时间更长。要想找到适合自己的策略，可以使用多种策略进行测试交易，直到找到一种你能理解、适合你的个性和交易风格的策略为止。希望本书能给你提供一些思路，但不要逼自己采用那些会让你觉得不适的策略。

期权策略有好几十种，有些很简单（卖出备兑看涨期权或同时买入看涨期权和看跌期权），有些则比较复杂（铁鹰套利、跨式期权策略和蝶式期权策略）。

阅读本书或其他书籍的原因之一就是学习可行的策略。然后，你在其中可以选择最适合自己的。你可能会像我一样发现，除非你是一个拥有多年经验和练习的杰出交易者，否则往往策略越复杂，获利就越困难。对于95%的期权交易者来说，策略越简单，获利难度就更低。

无论你选择哪种策略，我都建议你在实盘交易前先模拟交易。如果你已经是一名出色的择股高手，并能够熟练地猜测市场走势，那么你应该坚定地使用自己最熟悉的策略。但如果你和大多数人一样，就要在实盘交易前先进行测试交易。

问题：我应该如何处理朋友告诉我的股票小道消息？

大多数情况下，股票小道消息跟其他人的投资建议类似。尽管听听别人的建议并没有错，但你最好还是有自己的投资逻辑。在测试交易账户中进行测试交易前，千万不要直接买入小道消息炒作起来的股票。你可能犯的最大错误，就是不经测试就盲目买入来自小道消息的标的。当然，这些消息可能是真的，这也完全可能是个很好的投资机会，但可能性并不大。

通过先行测试，你可以实现两个目标。首先，你可以验证该股票是否是一个优异的标的。其次，你还可以借此看看给你小道消息的人是否靠谱。这样你就可以快速确定该股票是否走势如期，从而确定是否适合投资。你朋友的消息很可能会比赛马比赛的内情提示更靠谱一些。

问题：我是否应该因为我认为未来会发生的事情而买入期权？

没人有预知未来的能力，更别提预测股票未来的走向了。因此，基于对未来的猜测而在个股或指数上下注太多通常是不明智的。

但是实际上，确实每个人都会这么做！不过老实说，对股市下一系列看涨赌注在很多时候都能获得不错的回报。另一方面，有时候大家也会为买入期权付出惨痛代价。

如果你打算交易期权，交易规模要小。对未来下注很多情况都会出现亏损。这就是为什么跟随市场比试图战胜市场胜率更高。

你可以偶尔对未来市场下注，但投入的资金要少。如果你判断正确，这些长线交易会给你带来丰厚的回报；但如果判断失误，就很容易损失全部初始本金。

只要你不对未来的市场走势下过多的长线赌注，只要你保持较小的交易规模，偶尔对你"认为"未来会发生的事情下注是可以的。

问题：您能更详细地解释限价单和市价单吗？

在买入或卖出期权时，你应该始终使用限价单。限价单是指在买入期权时指定一个你愿意承受的最高价格，或在卖出期权时指定一个你愿意承受的最低价格。如果订单不能以你限定的价格或更好的价格成交，该订单就不能被执行。

使用市价单的唯一好处是该订单可以立即成交。市价单的主要问题在于，你经常会得到最差的执行价格，这可能会让你一直亏损严重。对于期权来说，每一分钱都很重要，因此以一个有优势的交易执行价格成交至关重要，这就是为什么限价单是我们的首选。

如果你很着急，希望订单立即成交，你可以采用一个较卖出价（较高价格）更高的限价单，然后立即成交。因此，使用市价单可以确保你能快速成交，但往往不是以有利的价格成交。

总结：交易期权时使用限价单，而不是市价单。

问题：买卖价差怎么理解？

买卖价差是买入价和卖出价之间的差额。如果价差过大，在买入后，如果你想立即卖出（也许你改变了主意或觉得自己出现失误），你就会因买卖盘的价差而出现亏损。买卖价差越小，对期权交易者越有利。

●●●●●●●●●

到这里，你已经成功地完成了期权迷你课程的学习，在下一章中，你将学习基本的技术面分析，这将有助于你识别上涨趋势和下行趋势，以及判断市场何时出现了超买或超卖。

即使采用本书中的交易方法，你也需要对技术分析有一个基本的了解。在下一章，我将为你详细介绍这部分内容。

第十一章

两种有用的技术指标

你可以使用测试交易策略来寻找可以获利的标的，也可以使用基本技术指标来达到这个目的。在数以百计的技术指标中，有两个脱颖而出。这是为何呢？因为它们功能强大且易于使用。

尽管每位技术分析师都有自己的最爱，但大多数人都认为，几乎所有交易者的技术工具箱中都应该包含以下两个基础技术指标：

- 移动平均线（MA）

- 相对强弱指数（RSI）

技术人员还使用其他一些常用指标来识别市场趋势、进场和退出时点以及超买或超卖状态。这些指标包括成交量加权平均（VWAP）、纽交所跳动指数（NYSE Tick）、异同移动平均线（MACD）和布林线。如果你想要继续精进该领域的知识，可以阅读相关书籍，或者上网学习。

好消息是，要成为一名成功的交易员并不需要学习所有的技术指标。你只需找到一两个有用的指标，然后集中精力钻研即可。

技术指标的好处在于，它们有简单的用法，也有复杂的用法，具体如何使用全在于你。请记住，这些指标必须在行情图中查看才能真正发挥作用。它们提供了一种直观的效果，能让你看到市场瞬时的状态，类似于实验室技术人员看的 X 光片。许多交易员和投资者都依赖技术指标来帮助自己做出买卖决定以及识别趋势。

移动平均线

移动平均线是最简单的技术指标，在我看来也是有史以来最有价值的技术指标。应用在行情图中后，它们不仅能迅速为交易员提供直观的图像，还能提供可操作的信号。换句话说，移动平均线可以帮助你决定买入还是卖出，还可以帮助你识别趋势开始或结束的时间。

对于包括我在内的大多数交易员来说，在购买股票或 ETF 之前，我们首先会将个股或指数价格与其移动平均线进行比较。这是判断趋势是否如你所料的简单的方式之一。

理查德·唐奇安（Richard Donchian）在投资公司工作期间发明了移动平均线，并将其用于他的"趋势追踪"体系中。正如我之前所说的，在本书中，我们相信跟随趋势能够获利，这就是为什么移动平均线是我们最喜欢的技术指标之一。

移动平均线会显示一段时间内的平均证券价格，如过去 20 天、50 天、100 天或 200 天。将移动平均线叠加到个股或指数（或 ETF）行情图上，就能立即判断出股票或指数的走向。

如果你对这个指标细节感兴趣，我可以告诉你该指标的计算方法是取过去 50 天（或其他天数）收盘价的平均值。因此，随着第 51 天的到来，第一天的数据就会被去掉。

换个方式表述，就是随着新天数的出现，旧的天数也会相应被去掉。平均水平的计算是不断动态变化的，这也是它被称为"移动平均线"的原因。通过每天重复这个过程，就可以在行情图中画出一条平滑的线。

像我们这样的趋势跟踪者更喜欢跟踪移动平均线，因为这样我们可以快速识别趋势的方向，以及趋势反转的时间。将移动平均线叠加在行情图上，可以显示对任何交易者都有用的重要信息。

要了解如何使用移动平均线，可以在任意股票行情图中选择简单移动平均线。（你也可以选择指数移动平均线，有些技术分析师认为指数移动平均线的数字更准确）。

移动平均的显示默认设置通常是 50 天和 200 天移动平均线。如果你需要的话，还可以添加 100 天移动平均线。这些平均线可以快速读取市场方向，如果读取准确，还能提供市场强弱的线索。

短线交易者或日内交易者可以选择更短的时间段。例如，一些短线交易者使用 14 天或 20 天移动平均线，这非常适合短时间框架下的投资。而 50 天、100 天和 200 天移动平均线则能提供更广阔的视角，就像从远处审视整个市场一样。

移动平均线信号

如果你以前从未查看过行情图上的移动平均线，那你一定会在看到之后感到惊喜。它们会给出很多重要信号，你可以通过各种方式加以利用。例如，200 天移动平均线是极强大、极备受关注的移动平均线之一。即使是不常关注技术指标的投资者也会关注 200 天移动平均线，下面我来告诉你原因。

让我们先把标准普尔 500 指数（SPX）放在行情图上。然后将 50 天、100 天和 200 天移动平均线叠加起来。接下来，将 SPX 与其 200 天移动平均线进行比较。如果 SPX 目前水平高于其 200 天移动平均线水平，则是长期看涨信号。如果 SPX 低于其 200 天移动平均线，则是长期看跌信号。

如果 SPX 或道琼斯工业平均指数跌破 200 天移动平均线，并持续数日，则是市场疲软的信号。有时候，主要指数跌破 200 天移动平均线后会出现短期调整。当这种情况发生时，关注 200 天移动平均线的交易者会陷入恐慌并很可能会抛售他们持有的股票，从而导致指数进一步下跌。

通常情况下，在指数跌破 200 天移动平均线后，金融机构和投资者会买入下跌中的股票，把指数重新拉回到 200 天移动平均线之上。当出现这种情况时，短期危机就会解除，一切似乎都在向好。

最简单和广泛应用的策略之一是，只要主要指数高于 200 天移动平均线，就继续做多。如果主要指数跌破 200 天移动平均线，并且一直保持在 200 天移动平均线以下，则可能是需要套现离场的时候了。这一简单的策略几十年来一直行之有效，这也是众多交易者和投资者关注 200 天移动平均线的原因之一。

请记住，要使 SPX 或道琼斯工业平均指数等指数跌破 200

天移动平均线，需要很大的抛压。因此，200天移动平均线是一个支撑位，所以如果指数跌破200天移动平均线，从而跌破支撑位，那这就意味着一个比较严重的信号。

50天移动平均线对短期交易者很有用，事实上，当主要指数跌破50天移动平均线时，就是潜在的预警信号。

你可以将任何股票或指数的行情图与其移动平均线进行叠加，从而提供一种快速可靠的方法来判断指数或股票是否按照你判断的趋势走向在运行。

例如你有兴趣买入XYZ进行投资。第一步应该是查看其行情图和移动平均线。XYZ目前在其移动平均线之上还是之下？如果低于移动平均线，那么此时买入该证券就要非常谨慎。如果在移动平均线之上，且呈上行趋势，则可以考虑买入。请注意，技术分析者通常不会因为一个指标的判断就买入，他们通常也会检验其他指标是否符合。

作为短期期权交易者，更重要的是股票要处于上升趋势（如果买入看涨期权），而且标的股票正在向正确的方向运行。只要看一眼行情图应该就能找到答案。

有些人不满意移动平均线的效果，主要是因为它们对市场状况的反应往往较为迟缓。这也是移动平均线被称为"滞后"指标的原因之一。它们发出的信号往往都会比较晚。

另一方面，移动平均线不是用来捕捉市场顶部或底部的，而是用来帮助你识别趋势的。仅仅只考虑这个原因，在决定买入或者卖出前将移动平均线放在行情图中查看也是值得的。

温馨提示：许多交易者喜欢的另一个有用指标是异同移动平均线（MACD）。它比移动平均线复杂一些，但也能提供趋势开始、结束或反向的有用信息。异同移动平均线受到许多技术分析者的青睐，但对于初学者来说，还是从移动平均线开始吧，它能提供快速且可靠的信号。

相对强弱指数

相对强弱指数（RSI）是另一个简单而有效的技术指标，能提供非常有用的信息。实际上，RSI 是一种震荡指标，因为它会"震荡"，或在 0 到 100 之间上下波动。虽然 RSI 是基于复杂的数学公式，但使用和理解起来却非常容易。RSI 与它的好兄弟随机指标一样，深受交易者的欢迎。

RSI 有助于判断市场或个股是否超买或超卖，通常显示在任何行情程序的顶部附近。如果看不到，只需从行情图中的下拉菜单中选择 RSI 即可。

这一指标是由威尔斯·威尔德（Wells Wilder）于 1976 年发明的，他当时是一名航空机械师和工程师，在学习如何进行商品交易时对技术面分析产生了浓厚的兴趣。

RSI 信号

我们从查看 SPX 的行情图开始（当然你可以查看任何个股

的 RSI）。如果 RSI 升至 70 以上，这是 SPX 超买的信号。相反，如果 RSI 跌破 30，则是 SPX 超卖的信号。

每个技术分析师都知道，这样做的不利之处在于：股票和指数可能长期处于超买或超卖状态。RSI 升至 70 以上并不意味着应该卖出股票或指数。不要指望它会立即调转方向。RSI 只是指出相关指数或股票已经超买。如果你持有该股票或指数，可能比较危险，因为它可能逆转方向，但 RSI 无法告诉你何时逆转。例如，我曾看到某些股票的 RSI 指数达到 90，但股价仍在继续攀升。尽管股价超买得离谱，但它还可以更甚。

反之亦然——如果 RSI 跌破 30，这就是一个很明显的警告信号，表明相关股票或指数已经超卖。同样，这并不意味着即将出现反转，但它确实表明卖盘过多，标的证券将迎来反弹。要再提醒的是，不要用 RSI 来判断何时会出现反弹。

因此，要谨慎使用 RSI 来把握市场时机（尽管有时它确实会发出即将反转的信号）。相反，当证券进入危险区域（30 代表超卖，70 代表超买）时，应将 RSI 当作一种警示信号。有经验的技术面分析者会将其用于择时目的，但它其实作为预警系统最为有用。

可以把所谓的超买和超卖当作灵活的指导信号，而不是当机立断的发令枪。许多初学者在 RSI 达到 30 或 70 时就会卖出股票或期权头寸，结果只能眼睁睁地看着相关股票变得更趋向于超买或超卖。

就我个人而言，我发现 SPX 和道琼斯工业平均指数等主要指数在触及 RSI 上下限（70 和 30）时，都会发出相当可靠的信号，并提醒你即将出现反转。择时并不一定完全准确，但它的可靠性足以引起我们的注意。

温馨提示：就像移动平均线一样，通过这一技术指标来确认证券是否处于危险区域，是否有反转的风险。

● ● ● ● ● ● ● ●

关于每个交易者都应该学习的两个技术指标的讨论到此结束。如果你是初学者，先来这里学习基础知识，此时你可以回到本书第一部分，去阅读管理风险的方法。在开始实盘交易之前，这一点至关重要。

另一方面，如果你想了解历史上最迷人、最成功的股票投机者之一，杰西·利弗莫尔，请跟着我继续往下阅读。关于利弗莫尔和他使用的交易策略的文章，总是常看常新。

第十二章
利弗莫尔的经验教训

在了解了投机家杰西·利弗莫尔的生平以及他采用的一些交易策略之后，我相信你会有所感悟。他的某些策略出奇得成功，而另一些则给他造成了不菲的经济损失。

杰西·利弗莫尔的生平和交易策略

杰西·利弗莫尔是世界上最伟大的股票投机家之一，他在1929年股灾期间成功做空股票，一周内赚了1亿多美元，从此一举成名。这可以称得上是他最伟大的成就，但他最终却以心碎和悲剧收场。

利弗莫尔14岁时就离开家里，在波士顿的证券经纪公司潘恩韦伯找到了一份工作。公司老板对利弗莫尔通过心算方式解决复杂数学计算的能力印象深刻，便当即录用了他。利弗莫尔拥有过目不忘的记忆力，这对他来说不无裨益。

在观察股票到了一定价位的走向后，利弗莫尔在15岁时进行了他的第一笔股票交易，并很快就赚到了5美元（在1892年是一笔不小的数目）。他还观察了公司最成功的客户是如何赚钱的，并根据他们买卖股票的时点制定了规则。没过多久，利弗莫尔就迷上了股票市场。他把学到的经验记在笔记本上，他余生都保持着这个习惯。

多年后，利弗莫尔以他详细的交易笔记为基础出版了一本书，书中的主人公叫作拉里·利文斯顿（Larry Livingston），但明眼人都能看得出来，这是一本自传。这本由埃德温·勒费弗（Edwin Lefevre）撰写的《股票作手回忆录》（*Reminiscences of a Stock Operator*）成为畅销书，至今仍受到追捧。利弗莫尔的许多经验，包括趋势交易，在当时都是超前的，而且颇具争议性。

在利弗莫尔20岁时，他已经赚了不少钱，于是他辞去工作，成为一名全职股票投机者。他开始在不受监管的"空中交易号子"交易股票，这些无牌经纪公司与其说是经纪公司，不如说更像赌博窝点。在交易号子里，客户下的不同方向性赌注由"空中交易号子"自己记账，而不是投入公开市场。

利弗莫尔在预测市场走向方面非常成功，所以他被禁止进入波士顿的每一家交易号子，后来又被禁止进入美国的任意一家交易号子。这些号子老板们一直在提防这个被他们赋予"投机小子"绰号的交易员，因此利弗莫尔经常不得不乔装打扮，试图溜进号子进行交易。

利弗莫尔之所以得到这个绰号，一是因为他年轻的外表，二是因为他的策略：当他确信自己是正确的时候，他就会"一把梭哈"买入头寸，如果他猜对了，就会赚大钱，但在这个过程中，他让交易号子的账户蒙受了损失。

一个不怀好意的老板拿性命威胁利弗莫尔，因为这位老板不习惯输钱给客人，在此之后，利弗莫尔就不再去交易号子了。在某种程度上，这也算是因祸得福，因为利弗莫尔自此开始在传统的证券经纪公司进行交易，尽管他不得不调整自己的策略。他开始在证券交易所主板进行交易，也就是纽约证券交易所（NYSE）。

一个不完美但出色的交易者

虽然利弗莫尔是一位天赋异禀的交易员，但他也犯过许多错误。其中最严重的错误可能就是他在不知不觉中把交易变成了赌博。这也是他三次破产的原因之一。正是他的梭哈策略以及不遵守交易纪律给他造成了重大损失。

但他很幸运，在每次破产后，与他有业务往来的证券经纪公司都会欣然为他提供启动资金，因为他们知道凭借他的交易技巧，他最终会收回损失的现金。

利弗莫尔从他的经验中认识到，短线交易是难以捉摸的。某些情况下，他可以大获成功。例如，有一次他只押注一只股票，几天之内就把 1 万美元摇身一变成了 5 万美元。但仅仅几天后，他又把刚刚赚到的钱全部赔光。他常常做空股票，这在当时并不是一种流行策略。

最终，利弗莫尔从一个押注股票小幅波动的日间交易者转变成了一个长期趋势交易者。

经过多年的学习，利弗莫尔最终学会了等待确定信号，来帮他决定何时买入或卖出。有时是仅凭直觉，有时则是基于他听到的信息。他花了大量时间研究股票价格，这成为他交易策略的基础。

利弗莫尔还了解到，观察整个股市走势也很重要，因为这也能为市场方向提供线索。事实上，他说研究总体市场状况是他最伟大的发现之一。另外，他不再像以前那样预测市场下一步会怎么走，而是开始寻找信号，以协助自己决策何时买入或卖出。

利弗莫尔最终创建了一个"基于一定规则"的交易体系。他自己也常说，当他遵循既定规则时，他就能赚钱；当他不遵守规则时，他就会亏损。

他还有些其他发现。利弗莫尔开始使用一种被称为"金字塔"的策略，即随着价格上涨而加仓。这种策略的理念是，当你押注的头寸在获利时，买入更多的股票会增加你的收益。

如果股价继续上涨，同时利弗莫尔的判断无误，他就可以大幅增加利润。股价的进一步上涨证实了他的判断是正确的。复利效应增加了利润，所以他常常有大额收益。

利弗莫尔还会在股票创新高后继续买入，这种方法后来被尼古拉斯·达沃斯（Nicolas Darvas）和威廉·奥尼尔（William O'Neil）等许多成功的投资者和交易者所采用。

利弗莫尔的绝招之一是在投资前"试探买入"。以前他曾一次买入 1 000 股股票。有时他会赚钱，但一旦判断失误，损失就相当惊人。有了前期探寻后，他开始时只买 200 股，如果事实证明自己是对的，他就会继续增加 200 股，直到买够 1 000 股。

基本上，他在交易开始时买入少量股票，以验证股票是否朝着正确的方向发展。如果最初的尝试买入奏效，他就会在获利的头寸上继续买入；当股票进一步反弹时，会买入更多；当股票继续下跌时，则卖空更多股票。

利弗莫尔继续使用金字塔策略和前期试探买入策略，并且取得了成功。1907 年 10 月 24 日，利弗莫尔使用他的方法，在市场暴跌时做空，单日获利 300 万美元。他停止做空的唯一原因是，为防止金融系统崩溃——美国最著名的银行摩根大通出面请他停止做空。利弗莫尔在书中说，他感觉自己就像"一日之王"，这是他最辉煌的时刻，他的声誉与账户中的收益一起飙升。

最终，利弗莫尔制定了一项策略，来寻找市场上的"大波动"。他发现如果自己能够锁定领涨资产，即具有强劲上升趋势的股票，他就能赚取丰厚的利润，而他也确实做到了。他置身于 20 世纪 20 年代的大牛市中，与其他投资者一起获得了丰厚的利润。

然而从 1928 年底，利弗莫尔开始认为市场已经过度扩张。大家都心知肚明，十年来市场一直以惊人的速度上涨。因此，当市场从 1929 年夏天开始横盘震荡时，利弗莫尔就开始试探性做空。他开始观察自己的试探做空何时会获利，尽管他的很多笔试探交易都付出了高昂的代价。

当时，有很多迹象表明股市大厦将倾。首先，当时的龙头股已不再能够创出新高，这已成为一个警示信号，尽管当时很少有人认识到这一点。此外，像伯纳德·巴鲁克（Bernard Baruch）

和约瑟夫·肯尼迪（Joseph Kennedy）这样睿智的交易员已经早在市场持续反弹时悄悄卖出了他们的头寸。现在回过头来看，市场已经超买，没有足够的买方力量能让市场继续上行了。

1929年10月，市场崩盘。由于他的前期试探交易突然暴利，利弗莫尔以保证金空仓入市，一周内赚了1亿多美元。有些人甚至把这次股灾归咎于他，因为他是少数受益者之一。正如大家所了解的那样，数百万投资者在股市中倾家荡产，大萧条很快接踵而至。

即使在1929年赚得盆满钵满之后，利弗莫尔还是在1934年第三次申请破产，这距离他人生中最辉煌的获利日仅过去了5年。倾家荡产和其他个人问题使利弗莫尔陷入深度抑郁。

1940年，正处于极度抑郁中的利弗莫尔在他最喜欢的纽约餐厅吧台点了一杯饮料，随即起身走进衣帽间，开枪结束了自己的生命。

虽然利弗莫尔曾身价百万，与风光无限的女明星约会，还曾拥有多栋豪宅和多艘轮船，但在他63岁去世时，他的财产据说价值仅剩不到1万美元。

三个"P"策略

我研究利弗莫尔多年，他在书中分享的许多经验都十分特别。毕竟在当时，趋势交易是一个新的理念。在高价买入股票，并打算在更高的价位卖出，在大多数人听来，尤其是对投资者来说并不合理。众所周知，大家的口头禅一直是低买高卖，因此利弗莫尔的想法是革命性的。

利弗莫尔还深入研究股票价格，并密切观察其走势变化。他不使用行情图，但凭借他过目不忘的记忆力，他能够利用自己的知识来推测未来价格会如何变化。

利弗莫尔使用了三种策略，我将对此进行探讨，并将它们总结为三个"P"策略：

- 金字塔（Pyramiding）

- 前期试探（Probing）

- 梭哈（Plunging）

你可能还记得，我刚刚提到当利弗莫尔认为他对一个正在获利的头寸判断是正确的时候，他会不断加仓，不是只加一次，而是分多次。虽然这种策略听起来比较合理，但并非没有风险。

这种策略可能听起来很诱人，但金字塔策略可能会产生相反的结果。对于期权（相对于股票）交易者来说，这种策略尤其困难。由于期权的定价方式，当你采用金字塔策略，即不断以更高的价格买入期权时，很可能并不能得偿所愿（最有可能的原因是一种被称为"多空通杀"的期权现象），你将损失大部分先前的利润。

虽然利弗莫尔的这一策略在他判断无误的时候是很有用的，但在他判断失误的时候，他的损失也是巨大的。这就是他发明了第二个策略，即前期试探的原因。

我更推荐你采用前期试探策略，而不是金字塔策略，前者也是我们在本书中使用的一种策略。就像我之前所说那样，这意味着从较小的交易规模开始（可以是实盘，也可以是测试交易账户）。如果试探交易获利，就可以开始加仓（如果交易期权，则增加合约数量），直到加至你的目标仓位。前期试探策略是利弗莫尔成功的秘诀之一。

但很遗憾，当他的试探策略奏效后，利弗莫尔却使用了另一种策略，很可能这导致他多次破产。当利弗莫尔的判断被证实是正确的时候，他最喜欢做的事情就是"一笔梭哈"进入市场。

在1929年的股灾中，梭哈策略让他赚得盆满钵满，他也因此多次跻身百万富翁之列，但他也因此损失了所有的钱。要想梭哈策略奏效，所有的条件必须都要满足才可以。

在我看来，虽然利弗莫尔并不认为自己是个赌徒，但梭哈就相当于把自己的身家性命都压涨或者压跌，孤注一掷。作为期权买家，我建议你永远不要使用梭哈策略，无论你对某笔交易有多么强烈的倾向性判断，也永远不要"全押"。

梭哈是一种快速破产的方式，与正确的风险管理理念完全背道而驰。我提出这一点，只是为了防止有一天你受到诱惑而一股脑儿冲进去。

利弗莫尔的教训

除了本章所学到的经验教训外，《股票作手回忆录》一书中还有许多颇有见地的名言。下面，我们列出了利弗莫尔的三段至理名言，证明他是一位思想超前的杰出交易者。

大幅波动

　　无视市场大幅波动，试图跳进跳出在我看来是很致命的。没有人能抓住所有的波动。在牛市中，你的玩法是买入并持有，直到你认为牛市接近尾声。要做到这一点，你必须研究市场总体情况，而不是受到个股小道消息或者其他个股特殊因素的影响，抛掉所有手上的股票。记住，你是为了保住收益而离场的！等到你看到，或者等到你认为你看到了市场转折之时，也就是总体市场情况发生扭转之时再行动。要做到这一点，你必须运用你的思维和眼界，否则，我的建议就是简单粗暴地买低卖高。

不轻举妄动

　　我在华尔街浸淫多年，赚过几百万美元，也赔过几百万美元：为我赚大钱的从来不是我的思维，而是我并不轻举妄动。了解了吗？我并不盲目行动，这才赚到了钱！看准市场根本不是什么诀窍。你总能在牛市中发现许多先行的牛市交易者，在熊市中发现许多先行的熊市交易者。我认识许多（交易者），他们进行了准确正确的择时，并在价格移动至能给他们带来最大收益水平时开始交易股票。而他们的经历总是与我不谋而合，也就是说，他们并没有从中真正赚到钱。既正确又稳健的"交易者"并不多见。我发现，这才是极难领会的东西之一。股票作手们只有在牢牢掌握了这一点之后，才能赚大钱。

牛市的终结

还有一件事需要牢记，那就是市场不会突然一冲到顶，市场趋势也不会突然反转而结束。在很多股票价格开始破位之前很久，牛市就可能已经停滞或者终结了。当我观察到一些领涨的股票开始接二连三地从顶部下跌了几个点，并且首次没有回弹的时候，我就会警觉。它们的竞技已然结束，而我很显然需要改变我的交易策略。

● ● ● ● ● ● ● ●

第四部分到此结束。如果你是按顺序阅读本书的，恭喜你已经完成了全书的阅读。在本书的最后，我提出了一些结束语和另外的建议。如果你还没有读完本书的其他部分，现在可以再跳转回去读第一部分、第二部分或第三部分。祝你一切顺利！

后 记

临别赠言：你现在能做什么

首先恭喜你读完了整本书！感谢你花时间阅读关于如何在期权交易中获利的书籍。我希望你学到了新的策略，并获得了将来可以运用的思路。

期权交易对很多人来说都很困难，所以我很钦佩你学习新方法和新理念的动力及意愿。在我们结束整本书的学习之前，我想与大家分享我一路走来学到的一些经验。

作为一名自由撰稿人，我有幸采访过许多成功的交易者和投资者，其中包括已故的约翰·鲍格尔（John Bogle），他是美国先锋集团的创始人，也是世界上第一个指数基金设计师。

鲍格尔向我重复了他的口头禅："你应该每个月在指数基金中定投固定的金额。"他还告诉我："如果你愿意，你可以从你的投资本金中拿出10%买入个股，并且放在一个独立的账户中。我称其为'乐趣基金'。跟你打个赌，5年后，投资在正式指数基金账户的钱会比你的乐趣基金账户里的钱多得多。"

你可能会问，为什么一本关于期权获利的书会包含这样一条建议。而事实上，鲍格尔的建议是明智的。在进行期权交易之前，无论你的资金多寡，你都要留出一笔计划未来交易的钱的金额。

选择合理金额的标准因人而异。可以少至 1 000 美元或者 2 000 美元，或者如果你像山姆一样有可观的积蓄，可以将金额控制在 10 000 美元或者 15 000 美元以内。

如果你真的亏光了这些钱，就停止交易。你必须回到测试交易账户中进行模拟交易，直到你找出失误的原因以及下次如何改进的方法。

然后，在今后的交易中，用越来越少的钱进行交易，直到你能持续获利为止。这不是我信口胡编的，而是我根据自己和许多其他人的痛苦经历总结出来的经验，我们这些人都曾因为不重视风险而产生了亏损。

试想一下，为什么一半的彩票大赢家会在 5 年内输光所有的钱？这是因为他们不了解或不重视潜在的风险。在你一生中，也许会有意外之财降临的时候。这时，你可以先从中抽出 10% 用于投机交易（或度假和送礼），但你必须竭尽全力保护另外的 90%。拥有的钱越多，你就越有必要采取措施保护它。

此外，始终寻找机会分散投资。随着时间的推移，你的财务状况会有所改善，如果有机会，请制订长期计划，包括投资股票、共同基金、指数基金、房地产以及黄金（还有其他投资），并保留一些现金以备不时之需。

交易者经常犯的一个大错误就是，他们不会把大笔盈利从交易账户中转出并存入货币市场基金或现金等更安全的投资中。如果交易者在利润积累过程中遵循这一理念，就能在紧急情况或最坏的状况中保护自己。

这是利弗莫尔犯下的重大错误之一。他一生中有很多时候现金都十分充裕，但他没有将现金从股市中转移出来。而在采用高风险交易策略的情况下，他本应该更好地保护好自己的收益。

在我们正式结束这本书之前，我想与大家分享我的祖父写的一封信，他是芝加哥一家股票经纪公司的老板（信后附有《华尔街日报》的一篇文章，其中也有类似的建议）。

信中提出了以下理财建议，尽管我认为这些目标虽然对大多数人来说不容易实现，但在今天看来仍然十分有价值：

1. 首先要清偿你的所有债务。

2. 在无债一身轻之后，不要把钱花在高风险的金融投资上。

3. 对于大多数人来说，勉强维持生计已经很不容易了，其中95%的人无法保住和获得巨额的财富。说这话并不是让你气馁，而是给你个提示，让你有勇气更加努力地奋斗，迈入那5%的行列。

4. 时刻做好可能要赡养父母的准备。

5. 你会希望有幸能帮助那些受苦受难和贫困的人。

6. 衡量成功最重要的标准是正直、勤奋和55%以上的判断正确率。这也意味着要分散风险，这样即使你判断失误，也不会被打倒或者击垮。

7. 永远不要为他人的借据做担保。

8. 切勿为取悦朋友而买入小公司的股票——买入容易，卖出难。

9. 除非在极端情况下（例如不要让值得信赖的朋友失望），

否则不要轻易借钱。

10. 只有经过事实证明的那些经验才会给你留下深刻印象，并促使你遵守上述规则。

说到经验，我觉得最好的投资是对人的投资。把钱花在教育、住房、开展新业务、孩子、宠物或那些急需你帮助的人身上是不会错的。毕竟，如果你不用钱来改善自己或他人的生活，为什么还要赚钱呢？

祝你在期权交易中一切顺利，并且再次感谢你读完了我这本书。市场上总会有优胜股的，而你的任务就是找到它。很高兴与你分享我的知识和经验，祝你实现你所有的金融梦。

鸣　谢

感谢斯蒂芬·艾萨克斯（Stephen Isaacs），我在麦格劳希尔公司的编辑，感谢他一直以饱满热情的状态对待本书，并帮助我管理项目直至完成。还要感谢编辑诺亚·施瓦茨伯格（Noah Schwartzberg），感谢他认识到了本书的潜力以及我想要实现的目标。我还要感谢帕特里夏·沃伦伯格（Patricia Wallenburg）的努力，她帮助我完成了一本信息准确无误的书。

没有他们的帮助，本书不可能完成。

我还要感谢期权专家和《期权新手指南》（第 2 版）一书的作者马克·沃尔芬格（Mark Wolfinger）。还要感谢期权出售方，卡普兰资产管理公司的沃伦·卡普兰（Warren Kaplan）与我分享他的期权策略和见解，并感谢市场观察的乔纳森·伯顿（Jonathan Burton）为我提供了许多写作机会。

最后，我要感谢以下朋友的支持和鼓励：亚历山大·本特森（Alexandra Bengtsson）、安吉拉·本特森（Angela Bengtsson）、尼娅·沙利叶（Nia Shalise）、哈维·斯莫尔（Harvey Small）、贝奇·卡根（Betsy Kagan）、桑内·穆勒（Sanne Mueller）、伯特伦·希尔维曼（Bertram Silverman）、卡琳娜·本辛（Karina Benzineb）、米歇尔·普云尼克（Michael Puyanic）、露西·斯泰斯卡洛娃（Lucie Stejskalova）、黑兹尔·霍尔（Hazel Hall）、伊

迪斯·奥古斯丁（Edith Augustine）、布莱德利·曼恩（Bradley Mann）、麦克·科林斯（Mike Collins）、理查德·F·沙利（Richard F.Schali）、伊芙莱斯·科尼斯乌斯（Evrice Cornelius）、乔凡娜·史蒂芬（Giovanna Stephenson）和杰弗里·比尔曼（Jeffrey Bierman）。